Reihe Hanser 123

Karl Heinz Bohrer
Der Lauf des Freitag

Die lädierte Utopie
und die Dichter
Eine Analyse

Carl Hanser Verlag

W0046108

ISBN 3 446 11718 0

Alle Rechte vorbehalten
© 1973 Carl Hanser Verlag,
München
Ausstattung:
Heinz Edelmann
Gesamtherstellung:
Friedrich Pustet,
Regensburg
Printed in Germany

Reihe Hanser 123

Karl Heinz Bohrer   Der Lauf des Freitag

Die Spannung zwischen utopisch Denkbarem und politisch Machbarem ist kritisch geworden. Das hat Folgen für die überlieferte Vorstellung vom Utopischen. Der Begriff der Utopie beginnt seine Unschuld zu verlieren. Angesiedelt zwischen Futurologie einerseits und Systemtheorie andererseits, ist ihr Spielraum so eng, daß sie kaum mehr in philosophischer Theorie, sondern nur noch in literarischer Fiktion zu finden ist. Diesem Phänomen gilt die Analyse dieses Buches. Karl Heinz Bohrer untersucht die Spannung am Beispiel zeitgenössischer und klassischer utopischer Texte. Charakteristisch ist für das Problem der Utopie, wie es sich heute darstellt, daß die untersuchte Prosa, Lyrik und Theorie weniger gekennzeichnet wird durch die utopische Inhaltlichkeit, sondern durch den utopischen Erwartungshorizont. Ein zentrales Motiv früherer Arbeiten wiederaufnehmend geht Bohrer der Frage nach, in welche Lage der Schriftsteller gerät, der auf dem für die Literatur unverzichtbaren utopischen Motiv beharrt, aber keine konkrete Utopie entwickeln kann. Es werden die stilistischen Merkmale und besonderen Motive dieses Dilemmas erschlossen. Daran schließt sich als Antwort an: der ausführliche Versuch, utopisches Verhalten aus den Wahrnehmungsbedingungen des isolierten Subjekts zu erklären: am Beispiel des »Robinson Crusoe«.

Karl Heinz Bohrer, geboren 1932 in Köln. Studium der Geschichte, Germanistik und Philosophie in Göttingen. Dissertation in Heidelberg über ein Thema zur frühromantischen Geschichtsprophetie. Literaturkritiker und verantwortlicher Redakteur des Literaturblatts der »Frankfurter Allgemeinen Zeitung«.
Veröffentlichung: *Die gefährdete Phantasie, oder Surrealismus und Terror*, München 1970.

Inhalt

Vorwort   7

I. Die lädierte Utopie und die Dichter   9

1. Die Erwartung   9
Wissensbedingungen der Jetztzeit, emotioneller Widerstand   10
Das Beispiel William Blake   16
Eine Theorie der Begierden   19
Die Idylle des Chiliasten   23
Ist die Utopie das Schöne?   25
Das romantische Mißverständnis   32
Die Verabsolutierung des Zustandes hypothetisch verhindern   36

2. Das utopische Ziel   37
Der Realismus und die Realität   37
Melancholie muß ein Reflexionsprozeß sein   41
Die Vergangenheit in die Zukunft legen   43
Das Wort »Plötzlich«   44
Keine Lust mehr an der Ironie   47
Nicht mehr das grauenhafte Beweismittel der Natur   49
Der anthropologische Rückzug   52
Rettungsversuch gegen historische Resignation   60
Der historische »Rückfall« ist notwendig   62
Die Situation des »Als ob«   64
Umkehrung des Ordnungsprinzips   65
Aus der Not eine Tugend gemacht   67

II. Exkurs über Kritik und Geschicklichkeit   68

1. Das Dilemma: Die Subjektivität und das Allgemeine   68

2. Spontaneität aus historischen Bewußtsein gewinnen   77

III. Der Lauf des Freitag   87

1. Die Entdeckung   87
Der blinde Augenblick und die Bedingungen des Wahrnehmens   88

Was die Fußspur bedeutet   90
Anthropologisches Identifizieren   92
Immer nur eines sehen   94
Tabelle vom Hin und Her der Gedanken   97
Das zentrale Motiv der Angst   98
Das Utopische kommt aus der Wahrnehmung   101

2. Keine Staatsutopie   102
Was ist für Robinson das Objektive?   103
Die ökonomischen Determinanten des Subjektivismus   105
Das Motiv der Insel   107
Ernst Blochs Verdikt gegen die Wunschzeiten und Wunschräume   109
Kulturkritische Weltflucht   111
Rousseaus Entdeckung des Robinson   112
Warum es keine Staatsphilosophie ist   116

3. Das utopische Subjekt   120
Das Ende des Helden der westlichen Welt   121
Robinsons Begierde und der »Leviathan« von Thomas Hobbes   123
Sinnliche Evidenz, nicht nur geistesgeschichtliche Beziehung   127
John Lockes Versuch über den menschlichen Verstand und Robinsons Unbehagen   128
Die Angst als Quelle des Zukünftigen   132
Warum akzeptieren wir Verstöße gegen die Wahrscheinlichkeit?   135
Nichts Neues vom isolierten Subjekt   136
Die utopische Mentalität: Keine Flucht in Innenräume   138
Ende der Tragödie   139

Literarische Fiktion, sofern man sie als Fiktion ernst nimmt und sie nicht einfach reduziert auf ihre gesellschaftliche Funktion, enthält den Zusammenstoß des Einzelnen mit dem Sozialen, des Besonderen mit dem Allgemeinen, des bloß Gedachten mit dem, was wirklich ist. Sie ist das Resultat eines Konflikts zwischen Subjekt und dem ihn objektiv Umgebenden. Welche Bedeutung besitzt solche Subjektivität als Erkenntnismodus? Das ist das Kernproblem der literarischen Sprache, die nicht abbildet, sondern erfindet. Die Bedingungen für das erkenntnistheoretische und moralische Subjekt in Gestalt des Schriftstellers sind immer schlechter geworden. Vor allem auch deshalb, weil die Diskussion literarischer Produktion dahingekommen ist, das Verschwinden des Subjekts gar nicht mehr zu bemerken. Konform, wie diese Debatte nun seit Jahren geführt wird, herrscht eine Art vor, Literatur zu begründen: Im Hinweis auf ihre gesellschaftskritische Leistung oder im Nachweis von Literatur als gesellschaftlichem Produkt. Man wird aber das, was Literatur von anderen Wahrnehmungs- und Erkenntnisweisen unterscheidet, nur dann verstehen, wenn man methodisch davon ausgeht, daß literarische Sprache als solche identisch ist mit ästhetischer Sprache, welche Wirkung sie auch haben mag und wessen Produkt sie auch ist. Daraus aber ist zu folgern, daß eben das ästhetische Element zu thematisieren wäre.

Wenn man eine solche Prämisse macht, dann allerdings kann man auch sagen: Die nicht aufgebbare Subjektivität – nicht länger selbstverständlich, sondern gefährdet durch wissenschaftliche Erkenntnis und gesellschaftliche Prozesse – wird allmählich utopisch. Das wiederum hat Bedeutung für den Begriff der Utopie selbst, so wie er uns geistesgeschichtlich überliefert ist. Das utopische Motiv wurde schon in dem Band »Die gefährdete Phantasie oder Surrealismus und Terror« (1970) betont. Aus dem Motiv ist hier ein Thema gemacht worden, weil die Frage nach der Subjektivität und der ästhetischen Identität eng zusammenhängt mit utopischem Bewußtsein. In den drei Teilen dieser Arbeit wird das utopische Subjekt mit utopischen Inhalten konfrontiert. Der Analyse, daß dem utopischen Subjekt im Gegensatz zu seinen Vorgängern heute wenig mehr bleibt von utopischer Inhaltlichkeit, die sich außerhalb des Subjekts begründen ließe (Teil I), folgt die Darstellung einer vorläufigen Notlösung: Nur noch das voluntaristische Ich kann als Utopie gesetzt werden. Der Voluntarismus ist am Beispiel einer klassischen Utopie, an Defoes »Robinson Crusoe« entwickelt worden. Diese Utopie eignet sich deshalb besonders für unsere Frage, weil ihre Inhalte, die eine intensive geistesgeschichtliche Rezeptionsgeschichte auslösten, heute keine Wirkung mehr haben, wohingegen das Verhalten des Roman-Subjekts, wenn man es genau untersucht, Hinweise für eine allgemeine Lage liefert, die in der Situation des Schriftstellers nur besonders augenfällig wird: Denken und antizipieren zu müssen, ohne der objektiven Richtigkeit solcher Vorwegnahme gewiß zu sein (Teil III).

Methodische Absicht ist es, die voluntaristische Möglichkeit nicht aus Ideen, sondern aus dem sinnlichen Sprach- und Motiv-Zusammenhang eines Romans abzuleiten. Dieses Verfahren entspricht unserer Problemstellung: Wieviel wert ist die literarische Subjektivität als Erkenntnismodus?

Frankfurt, a. M., Januar 1973 K. H. B.

I. Die lädierte Utopie und die Dichter

1. Die Erwartung

Es war einmal. Es war einmal der Geist der Utopie. Wenn man sich an ihn erinnert, fällt man in den Ton, mit dem Märchen beginnen. Nicht, daß dieser Geist ein Märchen sei. Nur die Zeit, in der es ihn gab, ist vorbei, ist restlos verbraucht. Das war eine Zeit, die eschatologische Begriffe und Systeme hervorbrachte, um sich auch praktisch, das heißt für das moralische Alltagsleben daran orientieren zu können. Als Ernst Bloch 1918, also vor einem halben Jahrhundert, die erste Fassung von *Geist der Utopie* veröffentlichte, da nannte er sein letztes Kapitel »Karl Marx, der Tod und die Apokalypse«. Er konnte Karl Marx, das meint ökonomisch-historische Gewißheit, festmachen an zwei einst religiös-philosophischen und bald existential-ontologischen Wörtern. Da stand er gut, und eine mächtige Tradition schützte ihn. Ihre Geschichte schien ein Ziel zu garantieren. Sie gab eine teleologische Richtung an und so erzählte sich der »Geist der Utopie« fast von selbst:

»Aber unsere Mühlen mahlen trotzdem langsam und sicher. Es kam das rastlose um sich Greifen, das für sich Arbeitenlassen und Ersetzen durch mechanische Kräfte. Es wird noch kommen die dadurch geschehene Entlastung der Menschen mittelst der Technik, und ihre nicht mehr aufzuhaltende Segnung des Lebens, nämlich die mögliche Abschaffung der Armut und die durch das revolutionäre Proletariat erzwungene Entlastung der Menschen von den Fragen der Ökonomik . . . So geht das zu sich Freiwerden, wie bereits zu sehen war, nicht dahin, leichter einzuschlafen oder die genußhafte Bequemlichkeit der jeweiligen oberen Klassen allgemein zu machen; es wird nicht erstrebt, bestenfalls noch Dickens oder die Kaminwärme des viktorianischen Englands zu erwerben, sondern das ist das Ziel, das eminent praktische Ziel, ein Moment sozialistischer Ideologie: jedem Menschen außer der Arbeit Zeit, seine eigene Not, Langeweile, Armseligkeit, Bedürftigkeit und Finsternis, ein Leben im Dostojewskischen zu schenken, damit er vorab mit sich, mit seiner moralischen Parteiangehörigkeit im reinen sei, wenn die Mauern des Körpers, des Weltkörpers fallen, der uns vor den Dämonen schützte, wenn also die Befestigungen des irdisch eingerichteten Reiches abgebrochen werden. Und nun, zu allem, der wahrhaft schöpferische Gedanke erwacht. Sein fernes Wehen geht voraus . . .«[1]

Das ist eine asketische Prophezeiung von Brüderlichkeit, aber das ferne Wehen, von dem Bloch sprach, hatte eine weltweite Schlächterei angekündigt, die noch anhält. Der Geist der Utopie erlosch, und Statistiken über die Schlächtereien nahmen ihren Platz ein. Das ist der Grund, warum uns wohl die Utopie wie ein Märchen vorkommt, und auch die Zeit, in der sie geschrieben wurde. Aber: Es gibt noch Utopien. Nur nicht mehr in der Form von Entwürfen, nicht mehr als Metaphysik, nicht mehr im System, nicht mehr als Ansprache an die philosophischen Geister der Nation.[2] Die Schlächtereien haben die große Festung namens Utopie zerstört, aber über Nacht entstanden Widerstandsnester, zerstreut, weniger prächtig bestückt und von weniger Überlebenden gehört. In ihnen sitzen keine Philosophen mehr, die Brücken schlagen, sondern Poeten, die wagen, über das Eis zu reiten. Das Besondere, nicht mehr gedeckt durch das Allgemeine, muß selbst auf das Allgemeine hinaus.

Wissensbedingungen der Jetztzeit, emotioneller Widerstand

Soweit es zur Zeit übersehbar ist, hat sich der Geist der Utopie zu diesen Schriftstellern geflüchtet und überlebt dort ohne philosophische Begründung, mit einer Art nicht tot zu kriegender Evidenz. Warum? Es ist wohl so: Der utopische Erwartungshorizont wird in der Kunst und Literatur um so schärfer wieder in seinen Umrissen erkennbar, je stärker utopische Theorien in Fortsetzung von Konzepten wie denen Blochs erloschen sind und selbst anthropologische Definitionen über das Verhältnis von Individuum und Gesellschaft bedroht sind durch Systemtheorien. In diesem Lichte ist voluntaristisches Verhalten selbst schon utopisch. Aber offensichtlich blieb es eine emotionelle Notwendigkeit, die noch wächst, allerdings vor einer allgemei-

[1] Ernst Bloch, *Geist der Utopie*. Erste Fassung. Gesamtausgabe Bd. 16. Frankfurt 1971, S. 431f.
[2] Zum Ende der Utopie als Geschichtsphilosophie vgl. Hanno Kesting, *Geschichtsphilosophie und Weltbürgerkrieg*. Deutungen der Geschichte von der Französischen Revolution bis zum Ost-West-Konflikt. Heidelberg 1959. S. XIVf.

nen Lage, die der liberale Soziologe Karl Mannheim schon für das Ende der zwanziger Jahre so beschrieb:

»Je breitere Schichten in die konkrete Seinsbeherrschung hineinwachsen und je größer die Chance für einen in Evolution erringbaren Sieg ist, um so mehr gehen diese Schichten den vom Konservativismus vorgezeichneten Weg. Das bedingt aber eine in mehrere Richtungen sich auswirkende Aufsaugung der Utopie. Einmal zeigte sie sich am handgreiflichsten in der bereits erwähnten Tatsache, daß die relativ reinste Form modernen chiliastischen Bewußtseins, die im radikalen Anarchismus verkörpert war, vom politischen Plan beinahe völlig verschwindet, wodurch für die übrigen Gestalten der politischen Utopie ein Spannungsfaktor erlischt.«[3]

Was Mannheim als »gegenwärtige Situation« bezeichnet, wobei er freilich besonders auf geistesgeschichtliche Voraussetzungen utopischer Bewegungen abhebt, sollte man einmal auf die beginnenden siebziger Jahre übertragen. Die von ihm zitierte Prophezeiung Gottfried Kellers: »Der Freiheit letzter Sieg wird trocken sein« hat deshalb einen unheimlichen Sinn, weil man sich fragen muß, ob es sich überhaupt um die Freiheit handelt, die da siegt. Das was an wichtiger Literatur zur Zeit entsteht, geht offenbar vom Gefühl dieser Lage aus. Der Glaube konnte zwar seinerzeit keine Berge versetzen, aber der Schmerz und die Phantasie bringen die Wirklichkeit so lange in Schwierigkeiten, so lange das Gegenteil von ihr denkbar ist. Die Not macht dezisionistisches Denken unausweichlich. Der schon zitierte Karl Mannheim begann seine Abhandlung »Das utopische Bewußtsein« mit der Definition: »Utopisch ist ein Bewußtsein, das sich mit dem es umgebenden ›Sein‹ nicht in Deckung befindet.«[4] Das ist genau die Beschreibung der Bewußtseinslage jener Schriftsteller, von denen hier geredet werden soll. Denn es ist nicht notwendig, inhaltlich auf Utopien, Sozialutopien meist, fixiert zu sein, um so etwas wie ein utopisches Bewußtsein zu entwickeln. Mannheims formalistische Definition enthält vielmehr schon das Wesentliche. Allerdings gewonnen eher an großen geschichtsvirulenten Beispielen chiliastischer Bewegungen als am individuellen Einzelfall nonkonformistischer Intellektueller und Künstler, die man allerdings kaum im sich formierenden kollektivistischen Lager findet. Es geht hier also nicht, zunächst jedenfalls nicht, um

[3] Karl Mannheim, *Ideologie und Utopie*. 5. Auflage. Frankfurt 1969, S. 214.
[4] Ebda, S. 169

die inhaltliche Beziehung zu einem »Traum von der großen Harmonie«, wie man recht gut utopische Tendenzen charakterisieren könnte[5], sondern um eine psychisch-intellektuelle Disposition. Sie war einmal vorgegeben in Thomas Münzers Satz von »Mut und der Kraft zum Unmöglichen«. Sie hat strukturelle Ähnlichkeit sowohl mit mystischem Sprechen als auch mit Motiven von Schizophrenen. Das eine hängt mit dem anderen deshalb zusammen, weil in beiden Fällen Realitätszumutung negativ beantwortet wird.[6]

Je mehr sich die Tendenzen vermehren, die »Seinsordnung« als etwas Unumstößliches hinzunehmen, je stärker wird auch der emotionelle Widerstand dagegen seine Sprache suchen, und es ist schon jetzt zu sehen, daß dabei die Intellektuellen in zwei feindliche Gruppen zerfallen. Auf der einen Seite: Die »konterrevolutionäre« Entwicklung der einst liberalen amerikanischen Intelligenz hat Noam Chomsky erläutert an der sich verbreitenden These vom »Ende der Ideologien«. Der intellektuelle Abweichler wird schnell ersetzt durch Experten und Spezialisten, durch »Hausideologen der Machthaber«.[7] Auf der anderen Seite: Emotionell nicht mehr im System integrierbare Literaten, Künstler, Wissenschaftler, die auch, ohne sich auf ideologisch sofort und genau zu verifizierende Inhalte berufen zu können, das vom System Angebotene und Geplante negieren. Diese Gruppe, deren Reaktion neuartig ist und von der bisherigen Utopienforschung noch nicht erörtert wurde, belegt nicht nur die Vermutungen geistesgeschichtlicher und wissenssoziologischer Forschung über wie auch immer relativierbare *Wunschräume und Wunschzeiten*[8], sondern belegt den Widerspruch zwischen Denkbarem und Machbarem. Ich meine folgendes:

»Ist es eine Binsenwahrheit, zu sagen, daß das, was normal ist, eine Abmachung ist? Hilft es uns etwas, zu wissen, daß in anderen Gesellschaften, zu anderen Zeiten, das, was für uns unverrückbar aussieht, zu den undenkbaren Dingen gehört? In welchem Maß ist die Wirklich-

[5] Vgl. Jean Servier, *Eine Geschichte der Utopie.* München 1971
[6] Seit Michel Foucaults Buch *Wahnsinn und Gesellschaft. Eine Geschichte des Wahns im Zeitalter der Vernunft*, Frankfurt 1969 ist dieser Zusammenhang bewußter geworden.
[7] Noam Chomsky, *Die Verantwortlichkeit der Intellektuellen.* Frankfurt 1971, S. 11 ff.
[8] So der Titel der motivgeschichtlich wichtigen Studie von A. Doren. Leipzig/Berlin 1925

12

keit das, was wir denken, es sei die Wirklichkeit? Wie reagieren wir darauf, daß wir, obwohl diese Wirklichkeit wie eine nasse Seife nicht recht zu fassen ist, mit der Notwendigkeit ausgerüstet sind, uns an das Geflecht der Spielregeln anzupassen, das wir bei unserem Erscheinen auf der Welt vorfinden? Ist unsre individuelle Entwicklung nur ein Anpassungsprozeß? Wie gern, wie ungern geben wir mehr und mehr die privaten Bedeutungen unserer Kinderwörter zugunsten des gemeinsamen Nenners auf, auf den sich die vielen vor uns schon geeinigt hatten? Ist die Sprache ein Anker, mit dem wir uns in der Außenwelt festhalten? Geben wir mit dem Annehmen von Sprache vor allem auch zu erkennen, daß wir bereit sind, die Realität und deren Spielregeln zu akzeptieren? Sind die elementarsten Gedanken, Sehnsüchte, Gefühle außerhalb der Sprache angesiedelt? Kollidieren die Sehnsüchte mit der Wirklichkeit?«[9]

Mit diesen Sätzen beginnt Urs Widmer sein neues Buch *Das Normale und die Sehnsucht.* Sein Titel hat im Grunde Blochs franziskanische Prophezeiung über die menschliche Arbeit, seine Langeweile und Bedürftigkeit abgewandelt in folgender Absicht: diese Wunde darf nie verheilen, es gilt sie weiter aufzureißen, bis sie wieder blutet.
Aber auch folgendes ist gemeint:

»Es dauert lange, furchtbar lange, bis man unterscheiden lernt zwischen der eigenen subjektiven Unruhe und den langsamen Bewegungen der Geschichte. (Diese Erzählung tut es nicht, und sowohl ihre Wahrheit als auch ihre Unwahrheit besteht darin, daß sie es nicht tut.) Das vorige Jahrhundert tauchte auf, aus dem Kohlenrauch und dem Höllenlärm der Fabriken: seine Gedanken wurden wieder sichtbar, Wurzeln kamen ans Tageslicht, die jahrzehntelang niemand gesehen hatte. Bei meinem Studium der amerikanischen Philosophen des neunzehnten Jahrhunderts stieß ich auf die utopischen Bewegungen dieser Zeit, die unmöglichen Experimente mit einem neuen Leben, die Owens, Fourier und viele andere ein paar glückliche und unglückliche Dezennien lang betrieben. Ich lernte die eigentümliche Oneida Community kennen, in der ein paar Jahrzehnte lang achthundert Menschen in einer strengen und freundlichen Gemeinschaft lebten. All ihr Eigentum teilten sie, ihre erotische Gemeinschaft war total. Natürlich war ich mir im klaren über das Illusorische, das Zufällige, das Unzulängliche dieser Experimente, über den oberflächlichen und verworrenen Grund, auf dem sie gestanden haben. (Und tatsächlich ist das auch alles in sich zusammengebrochen.) Trotz ihrer Verworrenheit, ihrer Isoliertheit haben diese Stimmen aus der Tiefe des vorigen Jahrhunderts eine ungeheure

[9] Urs Widmer, *Das Normale und die Sehnsucht.* Essays und Geschichten. Zürich 1972, S. 11

Anziehungskraft. Sie waren, selbstverständlich, ›unmögliche‹ Erscheinungen, ein unvernünftiger Aufstand gegen die stärkeren Kräfte, die zur gleichen Zeit die zukünftige Welt gestalteten, aber zugleich waren sie ja vollkommen ›möglich‹.«[10]

Lars Gustafsson hat in den autobiografischen Reflexionen *Herr Gustafsson persönlich* wie Bloch die großen Bücher befragt, aber ohne die großen Ahnen endgültig zu Hilfe zu nehmen. Er bleibt allein. Die Bücher werden rückverwandelt in Material, und die Utopie wird gerade deshalb herbeigerufen, weil Skepsis das Ganze motiviert.

Und schließlich ist auch dies gemeint:

»Drei Wünsche
Sind Tatsachen nicht quälend und langweilig?
Ist es nicht besser drei Wünsche zu haben
unter der Bedingung daß sie allen erfüllt werden?
Ich wünsche ein Leben ohne große Pausen
in denen die Wände nach Projektilen abgesucht werden
ein Leben das nicht heruntergeblättert wird von Kassierern.
Ich wünsche Briefe zu schreiben in denen ich ganz enthalten bin –
wie weit würde ich herumkommen ohne Gewichtsverlust.
Ich wünsche ein Buch in das ihr alle vorn hineingehen und hinten herauskommen könnt.
Und ich möchte nicht vergessen daß es schöner ist
dich zu lieben als dich nicht zu lieben.«[11]

Der Erfinder dieser Strophen, Nicolas Born, schreibt in seinen Nachbemerkungen: »Die Literatur hat die Realität mit Hilfe von Gegenbildern, von Utopien, erst einmal als die gräßliche Bescherung sichtbar zu machen, die sie tatsächlich ist. Sartre hat in seinem Aufsatz *Was ist Literatur?* gesagt, daß die Empörung über eine Ungerechtigkeit erst ermöglicht wird von der Vorstellung einer Gerechtigkeit. Und die Vorstellung einer Gerechtigkeit ist angesichts des Zustands dieser Realität eine pure Utopie. Sicherlich sind positive Gegenvorstellungen als abstrakte Werte in dieser Gesellschaft seit jeher enthalten, doch hat der einzelne sie so sehr verinnerlicht, daß ihr Realitätsanspruch hinter dem der Außenwelt verschwunden ist.«[12]

Mit diesen drei Satzpartien, die man zusammensetzen könnte zu einem einzigen Satz, haben diese drei zitierten Schriftsteller,

[10] Lars Gustafsson, *Herr Gustafsson persönlich*. München 1972, S. 127
[11] Nicolas Born, *Das Auge des Entdeckers*. Gedichte. Reinbek 1972, S. 18
[12] Ebda, S. 112

Urs Widmer, Lars Gustafsson und Nicolas Born sehr klar, das heißt unter den Wissensbedingungen und Denkzulässigkeiten der Jetztzeit, das Utopische, von dem die Rede ist, in Worten, nicht in Begriffen, beschrieben. Wir lesen es und merken: Die Motivation, nicht einfach zu erzählen, was ist, oder nur zu ergründen, warum das mit mir so ist, also nicht bester realistischer Fabuliertradition zu folgen, sondern das Gegenteil zu tun, und nach dem, was nicht ist, methodisch, hermeneutisch und intuitiv zugleich zu fragen, eine wirkliche Objekt-Subjekt-Radikalität herzustellen, das alles hängt damit zusammen, daß die Normalität nicht hingenommen werden kann und die Vernunft, die solche Normalität jovial oder drohend einreden will, nicht als »Vernunft an sich«, sondern als »Vernunft für etwas« verdächtigt wird.

Da seit jeher jene Schriftsteller, die etwas zu sagen haben, nicht so sehr »Freunde« der Kunst sind, sondern »Freunde« des Lebens und also nicht, wie ihnen die Öffentlichkeit gerne zugesteht, in schöngeistigen Reservationen hausen, geraten sie notwendigerweise an die Ideologien der Normalität, drehen daran, bis schließlich verschiedene falsche Drähte kaputt sind. Das ist die Motivation. Was aber ist das Ziel? Glück? Selbstbestimmung? Schönheit? Jedenfalls das Gegenteil von den aus Unsicherheit und Ressentiments entwickelten gegenaufklärerischen Ideologien, wo der liebe Gott noch immer der finstere Oberförster ist. Es ist der Traum von Kreativität, Machtferne, eben das »Unmögliche«. Als ideologisches Konzept ist es zuletzt im europäischen Anarchismus greifbar gewesen. Aber die Ideologie der Selbstverwirklichung, nicht erfunden, aber geprägt vom frühen liberalen Bildungshumanismus und in Verruf gebracht vom »Enrichez-vous« und »Laissez-faire«-Ruf der frühbürgerlichen Unternehmerklasse, scheint doch problematischer zu sein, enthält mehr, um darüber nachzudenken, als jene glauben, die seit ihrem Verdikt über Max Stirners »kleinbürgerlichen« Egotismus solche Subjektivität endgültig als erledigt ansehen. Es könnte sich nämlich inzwischen herausgestellt haben, daß die nur noch hier und jetzt gesetzte Subjektivität, von der im dritten Teil ausführlich gesprochen werden soll, in gewissen Perioden die letzte Rückzugsbastion ist vor dem Angriff des blinden »Notwendigen«. Allerdings: Die Schwierigkeit, in den dieser Rückzug in der beschriebenen Form des utopischen Sprechens gerät, illustriert in unseren drei Beispielen, besteht darin, daß die utopisch Sprechenden längst Vielwissende geworden sind und sich nicht mehr alle jene Glücke vormachen können, von denen Bakunin oder die Surrealisten dachten, sie würden wirkliche. Wie will man in einer von Verwaltung und Ideologie determinierten menschlichen Gemeinschaft, in der das Wort Phantasie nur noch mühsam als Platzhalterin des denkbar Menschlichen funktioniert, einen mehr als nur individuell relevanten utopischen Platz behaupten? Denn wenn die neuen Utopiker auch nicht in schöngeistigen Reservationen hausen, so argumentieren sie, ohne das vielleicht genau zu reflektieren, notwendigerweise zunächst als Künstler, das heißt sie gehen indirekt auf die »Ästhetische Erziehung des Menschen« zurück. Die Utopie, die sich entwickeln wird zur ästhetischen Utopie, fungiert stellvertretend für alle anderen Sektionen menschlicher Bedürfnisse.

Das Beispiel William Blake

Utopisches Sprechen bedeutet Freiheit im Ästhetischen und Gefesseltsein durch das Ästhetische. Das möge der Blick auf ein historisches Beispiel zeigen, das für unsere Frage von einigem systematischem Gewicht ist, auch wenn es keine direkten Beziehungen gibt zwischen der zeitgenössischen Literatur und ihm. Denn an diesem Beispiel, es ist das Werk des englischen Dichters und Malers William Blake, lassen sich einige formale und ideologische Elemente utopischen Verhaltens erkennen, die heute wiederkehren und also, da sie in keinem philologischen Wirkungszusammenhang mit der Jetztzeit stehen, offenbar von normativer Bedeutung für die literarische Utopie sind.

Es wäre allerdings ein rein kontemplatives Interesse, gäbe es nicht einen historischen Zusammenhang zwischen Blakes Zeit und der Jetztzeit: Unser Bezugspunkt ist der chiliastische Augenblick, objektiv verursacht durch die revolutionären Ereignisse der jeweils zeitgenössischen politischen Szene, die das System, innerhalb dessen der Dichter schreibt, erschüttern oder doch in Mitleidenschaft ziehen. Dieses chiliastische Moment der subjektiven Erwartung ist zu thematisieren: Aus ihm folgt unmittelbar die uns auch in der Jetztzeit gestellte Paradoxie, im utopischen Verhalten ohnmächtig die Grenze erkennen zu müssen und doch das utopische Prinzip nicht aufzugeben. Die für unseren Zusammenhang wichtigen Werke Blakes, es sind die *Songs of Innocence* und *Songs of Experience, The Marriage of Heaven and Hell* und *America*, erschienen in den Jahren 1789 bis 1795, also genau in den Jahren der Französischen Revolution, die Blake als eine Vollendung des amerikanischen Unabhängigkeitskriegs gegen England ansah und bei dem er leidenschaftlich Partei nahm für die Sache der Amerikaner; wie übrigens viele englische Radikale, voran seine Freunde Thomas Paine, aber auch William Godwin, Joseph Priestley, Mary Wollstonecraft, John Horne Tooke, die alle Mitglieder des der Regierung als jakobinisch verdächtigen Politischen Clubs waren, dem Blakes Verleger Joseph Johnson vorstand. Die Subjektivität der von diesen Leuten eingenommenen Position, auch wenn sie ehrlich davon überzeugt waren, daß die amerikanische und französische Revolution bald das britische System erschüttern würden, ist hinlänglich charakterisiert durch ihre isolierte, politisch aussichtslose Stellung innerhalb des von konservativen Intelligenzen wie Pitt und Burke bestimmten Systems. Die Vorgänge in Frankreich und Amerika waren Vorgänge, die von Blake interpretiert wurden als auch auf das britische System zu beziehende Tendenzen, die sich woanders nur früher bemerkbar machten. Immerhin hatte es den Londoner Volksaufstand von 1780 gegeben, bei dem man das Gefängnis von Newgate stürmte, eine Aktion, an der Blake selbst beteiligt gewesen ist und die an spontaner Wucht und Bedrohlichkeit durchaus vergleichbar war mit einigen Vorgängen in Paris, die zehn Jahre später zum Sturm auf die Bastille führten. Mehr noch: Hier hatte sich nicht nur Wut ausgetobt, kurzfristig angeheizt durch radikale Flugschriften, sondern die Symptome der in England schon fortgeschrittenen industriellen Revolution waren unübersehbar für jeden geworden, der sehen wollte.[13]

William Blake, dieser gewaltige Utopiker und Künstler, wollte die Symptome schon deshalb sehen, weil er – wie viele bedeutende Engländer ein Sohn aus gewerbetreibendem Mittelstand – keinerlei Rücksichten nahm auf die etablierten Old-Boys von

[13] Den Zusammenhang von William Blakes prophetischer Dichtung und Malerei einerseits und den Vorzeichen eines radikalen ökonomischen Wandels andererseits hat J. Bronowski in seiner bedeutenden Arbeit thematisiert: *William Blake and The Age of Revolution.* 2. Auflage, London 1972. Auf ihn stützen sich die spärlichen deutschen Behandlungen des Themas, so Günther Klotz' Einleitung zur deutschen Ausgabe von Blakes ausgewählten Werken: William Blake. *Werke.* Berlin 1958.

Welt und Eleganz, die er ironisch »die Engel« nannte. Diese Gleichgültigkeit gegenüber der Tradition der Privilegierten hatte etwas Barbarisches und Naives. Aber gerade dies war, wie wir sehen werden, seine Originalität u. Bedrohlichkeit.

War also der englische Radikalismus durchaus politisch einsehbar vermittelt, so brach er sich doch letztlich am Widerstand des Systems der Tories, der gegenrevolutionären Haltung führender Schichten des englischen Volkes, und auch an dem mangelnden Echo breiter Volksmassen. Am 14. Juli 1791 wurden Priestley's und anderer radikaler Demokraten Häuser geplündert, Paines *Menschenrechte* erscheinen nicht mehr bei Johnson. Ein Jahr später, im Mai 1792, kommt es zur »Proklamation gegen verschiedene gottlose aufrührerische Schriften«. Paine wird gesucht, und er wäre wahrscheinlich hingerichtet worden, hätte er sich nicht der Verfolgung entziehen können, wahrscheinlich mit Blakes Unterstützung. Das war der Zenit der auf die Revolution wartenden englischen Radikalen. Diese blieben, im Gegensatz zu den später mit Aufständen antwortenden Arbeitern, beschränkt auf kleine bürgerlich-intellektuelle Zirkel und zeigten dementsprechend auch die inzwischen bekannter gewordenen Vor- und Nachteile solcher Zirkelbildung: intellektuelle subjektivisitische Brillanz, aber mangelndes Verständnis für den Mechanismus der objektiven Prozesse; geistige Überlegenheit gegenüber der bornierten Orthodoxie, aber kein wirkliches Verständnis für die Bedürfnisse der arbeitenden, das hieß damals hungernden Massen; erfinderisch im Herstellen geistiger Projekte und Entwürfe, aber eigentümlich unreflektiert gegenüber dem idealistischen, durch keine Außenwelt abgesicherten, Dreh- und Angelpunkt des eigenen Systems. Blakes Ungerechtigkeit gegenüber der Philosophie von John Locke gehört hierhin. Sein Konzept war gegenüber dem praktisch-politischen Konzept des Anglo-Amerikaners Paine rein utopisch. Das Utopische als reine Erwartung stellt sich – das zeigt unser historisches Beispiel – immer dann konzentriert und heftig ein, wenn die realgeschichtlichen Bedingungen zur Herstellung konkreter Utopien im Schwinden begriffen sind. Die dann notwendig gewordene Reduktion der Utopie auf pure Subjektivität ist die eigentliche Achillesverse der utopischen Erwartung, weshalb diese Subjektivität als verbliebener Rest im Verlauf dieses Buches immer wieder thematisiert werden soll.

Eine Theorie der Begierden

Was sind nun die Argumente der subjektiven Utopie bei Blake? Sie lassen sich auf zwei scheinbar gegensätzliche Elemente konzentrieren: einerseits die chiliastische Prophetie, gegründet auf eine energetische Theorie der Begierden, und andererseits der Perspektivismus der Idylle, ein anthropologischer Entwurf vom ewigen Frieden und seinen Gefährdungen. Beide Tendenzen sind bis heute literarischen Utopien gemeinsam, sei es vereinzelt oder sogar paarweise.

Blakes Prophetie dieser Jahre, um mit dem ersten Element zu beginnen, versteht man am besten an seinem großen politischen Gedicht *America*, das 1793 erschien und das Blake selbst eine »Prophetie« genannt hat. Der Abfall der amerikanischen Kolonien war Blakes Jugenderlebnis gewesen. 1781 kapitulierten die Engländer endgültig bei Yorktown. Blake beschreibt nun zehn Jahre später, als England sich anschickt, gegen das andere Land der Revolution, Frankreich, Krieg zu führen, jenen ersten Krieg mit apokalyptischen Worten, die sichere Niederlage Englands gegen Frankreich erhoffend und damit auch das Ende der Monarchie in England. Die bevorstehende Auseinandersetzung Englands mit der Revolution stellt er am Beispiel des Beginns der vergangenen, verlorenen ersten Auseinandersetzung mit den ersten nordamerikanischen Staaten so dar:

»Mürrische Feuer glühn überm Atlantik zur Küste Amerikas, durchbohren die Seelen kriegerischer Männer, die aufstehn in schweigender Nacht.

Washington, Franklin, Paine und Warren, Gates, Hancock und Green treffen sich an der Küste im Blutschein von Albions feurigem Prinzen.

Washington sprach: ›Freunde Amerikas! schaut übers Atlantische Meer;

ein Bogen ist am Himmel gespannt, eine schwere eiserne Kette senkt sich Glied um Glied von Albions Klippen herab übers Meer, Amerikas Brüder und Söhne zu binden, bis unsre Gesichter gelb, die Häupter gebeugt, die Stimmen schwach, die Hände zerschunden in Fron, die Füße bluten auf schwülem Sand und die Striemen der Peitschenschnur

hinabreichen zu Geschlechtern, die vergessen in künftiger Zeit.‹

Die mächtige Stimme schwieg; ein furchtbarer Windstoß peitschte das Meer,

die östliche Wolke zerriß: auf den Klippen stand Albions zorniger Prinz,

eine Drachengestalt mit rasselnden Schuppen; um Mitternacht stand
er auf,
entflammte rote Meteore rings um Albions Land;
seine Stimme, sein Haar, seine furchtbaren Schultern, sein glühendes
Augenpaar
erschienen den Amerikanern auf der bewölkten Nacht.
Gewaltig schwillt des Atlantiks Woge zwischen den düsteren Völkern,
schwillt und speit aus dem Schlunde rote Wolken und wütende Feuer.
Albion ist krank! Amerika zagt! Aufgebracht zürnt der Zenit. Wie
Adern menschlichen Blutes um das Himmelsgewölbe rings aufschossen
vom Atlantik die Wolken in mächtigen Rädern von Blut, und in den
roten Wolken erstand ein Wunder über dem Meer: gewaltig! nackt!
ein menschliches Feuer, glutrot wie der Eisenstab,
erhitzt im Schmelzofen: seine schrecklichen Glieder waren Feuer,
von Myriaden düsterer Schrecken, dunkler Banner und Türme umgeben: Hitze, aber nicht Licht strahlte sein Dunstkreis aus. Der König
von England, westwärts blickend, zittert bei der Vision.«[14]

Das ist die Sprache der romantischen Apokalypse, die Anleihe
macht bei der Offenbarung des Johannes oder selbsttätig mythologische Wortbildungen produziert, gekennzeichnet durch
intensive, aktive Verben, die Handlungen vollbringen und
durch ausgesuchte, extravagante Adjektive. Diese »zielmeta-
phorische« Sprache der frühromantischen Utopie, unmittelbar
zu beziehen auf die Reflexion der Französischen Revolution,
findet nicht nur bei Blake statt. Gerade die deutsche Frühromantik liefert viele Beispiele hierfür.[15] Wilfried Malsch schreibt
hierzu in seinem wichtigen Novalis-Buch »*Europa.« Poetische
Rede des Novalis. Deutung der französischen Revolution und
Reflexion auf die Poesie in der Geschichte*:

»Geschichtstheologie, Geschichtsphilosophie und Geschichtspoesie
vermögen es indessen, den unberechenbaren Zielpunkt aller Hoffnungen dogmatisch zu verkünden, hypothetisch zu entwerfen oder metaphorisch darzustellen, ihn also in eine ›geistige Gegenwart‹ zu übertragen. Unvermeidlich ist diese kerygmatische, hypothetische oder
metaphorische Mimesis des unendlichen Zielpunktes vielfältig aus-
deutbar und stiftet infolgedessen immer auch etwas Verwirrung, die
vom politischen Handeln, das ohne Zielmetaphern oder Zielhypothe-
sen nicht auskommt, im Sinne seiner Interessen ausgebeutet wird.«[16]

[14] William Blake, *Werke*, a.a.O., S. 337f.
[15] Sucht man nach deutschen Parallelen, so findet man sie etwa in der 1808
erstmals gedruckten, 1826 erweiterten Satire *Bogs, der Uhrmacher* von Josef
Görres, die zwar nicht literarisch vergleichbar ist, wohl aber in der eigentümlich
apokalyptischen Wortbildung.
[16] Malsch, a.a.O., S. 24f.

Aber Blake ist im Gegensatz zu seinen deutschen Geistesverwandten als Bewohner der Weltstadt London, der politischen Zentrale der Gegenrevolution, konkreter verwiesen auf die Ereignisse des politischen Alltags, die nicht wie ein fernes Echo zu ihm hinüberwehen. Da ihm jedoch das konkrete Ereignis immer nur interessant ist, wenn in ihm die Vorwegnahme eines bevorstehend Zukünftigen erscheint, verwandelt er die tagespolitischen Data in Zeichen der eschatologischen Zeiterfüllung. Das stellt sich dar in der Fülle von Figuren im Zustand der Epiphanie, des erst in die Erscheinungen tretenden und in der Erscheinung beschriebenen Ereignisses, wie in Sprachbildern »Auf den Klippen stand Albions zorniger Prinz«, »Ein Bogen ist am Himmel gespannt«. Es sind überdies eigenständige Setzungen der metaphorisch gewordenen Sprache, die ihrerseits sich an anderem metaphorischem Material orientiert, und nicht so sehr an philosophischen Systemen[17], wie es die deutschen Frühromantiker taten. Dadurch aber erscheinen die realen Vorgänge authentischer verarbeitet. Das energetische Prinzip von Spruch und Widerspruch, von Szene und Gegenszene, von Aktion und Reaktion, ist in Blakes Versen verarbeitet.[18]

Niedergelegt als seine Philosophie hat Blake die Konzeption der geschichtlich virulenten Energie in *The Marriage of Heaven and Hell*, 1790 bis 1791, etwas früher als *America* entstanden, also die französischen Revolutionsereignisse unmittelbar begleitend, aber schon mit dem desillusionierenden Erlebnis der zuschlagenden Regierung, so daß Enttäuschung und Resignation auch hier schon, wie typisch für die Entwicklung bürgerlicher Utopien, den Fluchtweg in die rein esoterische Abstraktion vorbereiten. Die großartige Philosophie der Energie wird entwickelt unmittelbar aus der aktuellen Polemik, die zentralen Werte und Unwerte wie »Imagination« und »Ratio« werden festgemacht an den politischen Parteien der Revolutionäre und der Gegenrevolutionäre. Die »Imagination« – 100 Jahre später noch immer Zentralbegriff der Hochdecadence der Wilde und Yeats – ist der Ursprung nicht nur der Dichtung, sondern auch des Vermögens, Wahrheit durch die Sinnestäuschung hindurch

---

[17] Zum Einfluß Svedenborgs auf Blake vgl. D. Hirst, *Hidden Riches*. 1964
[18] Günther Klotz vergleicht diese Qualität der Blake'schen Sprache mit Hegels später formuliertem Grundsatz der Dialektik; a.a.O., S. 34.

zu erkennen.[19] So lange nicht der »Rationalismus« der herrschenden Schicht beseitigt ist, so lange nicht ihre, das ist die jetzige Welt, in einem apokalyptischen Feuer verbrennt – das wiederkehrende Feuermotiv in der Prophetie *America* steht hierfür –, so lange wird es dauern, bis diese »Imagination« hergestellt ist. Vorher gilt es die »Engel«, das sind Pitt und die aristorkatischen Führer des britischen Empire, zu besiegen. Es sind die gleichen, von denen es heißt: »Die, welche die Begier unterdrücken, tun es, weil die ihre schwach genug ist, sich unterdrücken zu lassen; und der Unterdrücker der Vernunft maßt sich ihren Platz an und beherrscht die Unwilligen.«[20] Diejenigen, die die Engel und Unterdrücker der Begierde besiegen werden, müssen handeln nach den Einsichten von Blakes *Sprichwörtern der Hölle*: »Die Tiger des Zorn sind weiser als die Rosse der Belehrung.« – »Die Straße der Ausschweifung führt zum Palast der Weisheit.« – »Was jetzt bewiesen, war einst Phantasie.« – »Erwarte Gift vom stehenden Wasser.« – »Wer begehrt, aber nicht handelt, brütet Pestilenz.«[21] Diese *Sprichwörter der Hölle* – für Blake war Miltons »Satan« wie für viele Romantiker das Vorbild einer beispiellosen und beispielhaften Rebellion – haben noch heute den einstigen Biß. Es sind keine allgemeinen Weltweisheiten, keine nur literarischen Paradoxien. Es sind Worte von großer psychologischer Wahrheit und einer advokatorischen Schärfe, die noch immer schneidet. Sie enthalten die Qualität des chiliastischen Bewußtseins, daß jetzt, in diesem Augenblick, die Welt zu verändern ist. Die Schärfe des Angriffs ist einmalig. Ihr kommt später vielleicht nur Shelley nahe mit dem Gedicht *Der Maskenzug der Anarchie*, das Brecht gegen einen falschen Realismus-Begriff als Beispiel heranzog.[22]

---

[19] Der Begriff »Imagination«, der eine wichtige Bedeutung in der englischen Ästhetik des 19. Jahrh. bekommt, wurde innerhalb der italien. und deutschen Emotionalitätstheorie des 18. Jahrh. entwickelt. Vgl. hierzu Herbert Mainusch, *Romantische Ästhetik. Untersuchungen zur englischen Kunstlehre des späten 18. und frühen 19. Jahrhunderts.* Bad Homburg 1969, S. 69f.

[20] William Blake. *Werke*, a.a.O., S. 265

[21] Ebda, S. 269

[22] Vgl. Bertolt Brecht, *Über Realismus.* Leipzig 1968, S. 140f.

Die Idylle des Chiliasten

Der Haltung des Chiliasten entspricht, das wurde schon angedeutet, die Haltung des Idyllikers. Es wird sich nicht nur an diesem bedeutenden historischen Beispiel erweisen, inwiefern diese Korrespondenz keine zufällige ist: Der Chiliast erwartet inmitten des Chaos mit Mitteln des zu verschärfenden Chaos den Zustand ewiger Ordnung und des Friedens. Anders als der politische Mensch akzeptiert er das Chaos, den Krieg, nicht als ein Teil des Notwendigen, sondern verwirft ihn prinzipiell und konkret nach Maßgabe seines Widerspruchs: des geistesgeschichtlich überlieferten Topos' der Glückseligkeit und dessen literarischer Form, der Idylle. Die chiliastische Überführung der chaotischen Jetztzeit in die Idylle ist freilich nicht einfach nur die intellektuelle Alternative zur politischen Rationalität der Orthodoxen. Vielmehr entspringt sie einer Erfahrung des Alltags, die der Privilegierte gar nicht machen kann: Die intellektuell bedeutenden und souveränen Erklärungen über die Notwendigkeit von Unterdrückung und Krieg wären so nicht geschrieben worden, wie sie geschrieben wurden, hätten die intellektuellen Urheber solcher Erklärungen irgendwo und irgendwie mit ihrer eigenen Person wirklich soziale Leiderfahrung hinter sich gebracht. Es ist also keineswegs als eine rein intellektuell zu entscheidende Frage anzusehen, umgekehrt nämlich läßt chiliastisches Verhalten durchweg auf soziale Leiderfahrung oder Leidvorstellung des weniger Privilegierten schließen. Blakes Haß und Verachtung gegenüber dem großen Pitt, in dem alle Tugenden und Schwächen des britischen Aristokraten Fleisch geworden waren, ist vor allem auch der Haß des weniger Privilegierten, deshalb sozial Sensibilisierten gegenüber dem sozial Unsensiblen, Stumpfen, nur innerhalb seines Systems Brillanten, dessen System aber ein abzuschaffendes System ist. Blakes Gegenvisionen waren keine Erleuchtungen besonderer Stunden, sondern alltägliche Hervorbringungen: Alltag, auf der Straße konzipiert.[23]

Blake hat die Idylle, das der Vernunft der »Engel« entzogene und dafür der Liebe von Schutzengeln anbefohlene Reich in seinen berühmten *Songs of Innocence* beschrieben, die er später mit den *Songs of Experience* zu einem Buch sich gegenseitig aufschlüsselnder Gedichte zusammenfügte. Das Thema des ge-

[23] Vgl. hierzu auch J. Bronowski, a.a.O., S. 27f.

fährdeten und zu beschützenden Kindes, das er freilich in der ihm eigentümlichen Weise symbolistisch und allegorisch formulierte, wurde wahrscheinlich durch Rousseaus Entdeckung des Kindes inspiriert.[24] Die antirationalistische Pädagogik Rousseaus, seine Beschreibung des Kindes als eines autonomen Wesens von großer Einzigartigkeit, kam Blakes Absicht entgegen, das System der »Engel« so wild zu denunzieren, wie er es tat. Es ist hier nicht der Ort, das außergewöhnlich schwierige, dunkle Zeichensystem der Blakeschen lyrischen Mythologie zu erörtern.[25] Für unsere Frage wesentlich ist, daß die Welt des Kindes, dem eucharistische Symbolfiguren des Lammes und des Hirten beigegeben sind, stets gefährdet ist durch eine Gegenwelt, häufig symbolisiert durch reißende Tiere wie Wolf und Tiger. Aber nicht nur wilde Tiere, sondern die Erwachsenen selbst sind der Schrecken und Tod der Kinder. Dieser einfache Gedanke ist hier kein frommes Motiv. Er ist hier eine mächtige Anstrengung utopisch konstruierender Phantasie, wofür seine ästhetischen Formen, nämlich Künstlichkeit der idyllischen Wortbilder und imaginativ-exzentrische Farbgebung der jedes Gedicht erläuternden Wasserfarben-Bilder, ein Indiz sind. Das Idyllische ist in beiderlei Formen, in Bild und Wort, nie harmlos gesagt, sondern überanstrengt gedacht. Diese bisweilen schon manierierte Anstrengung des Vorgestellten schützt seine Inhalte vor den Plattheiten und Naivitäten, die dem Thema naheliegen und heute häufig in der heute wiederholten Utopie vom Kinde nachzuweisen sind. Schon Blakes Weigerung, die konventionelle Öltechnik anzuwenden und in Wasserfarbentechnik kleinformatige Bilder zu malen, war ein Akt der originellen Herausforderung an die ästhetischen Praktiken seiner Zeit.

Die durch solche formale Eigentümlichkeiten schon gegebene exzentrische Gebrochenheit des idyllischen Motivs ist ein Hinweis darauf, daß Blake die Utopie der beschützten Kindheit alles andere als naiv gedacht hat. Es ist die Anstrengung, die aus dem chiliastischen Bewußtsein des zu verändernden Chaos

---

[24] Vgl. hierzu Kathleen Raine, *William Blake*. London 1970, S. 47

[25] Vgl. hierzu John E. Grant, *William Blakes »The Fly«*. In: *Englische Literatur von Blake bis Hardy*. Interpretationen 8. Frankfurt 1970, S. 9 f. Außerdem: William Blake, *Songs of Innocence and of Experience. A Casebook*. Edited by Margaret Bottrall. London 1970. Und Geoffrey Keynes *Introduction* zu Blake. *Songs of Innocence and of Experience*. London 1967

kommt. Es war der Traum vor einer schrecklichen sozialen Wirklichkeit, angezeigt im Schrei des Schornsteinfegerknaben, der vom Dach des Londoner Hauses in die tödliche Tiefe abstürzt. Es war die fast gewaltsame, fordernde ästhetische Realisierung der Utopie, die in Wirklichkeit sich nicht anschickte, einzutreten, und je weniger sie das tat, um so dringlicher empfunden wurde. Blake spekulierte sozusagen gegen die Wirklichkeit, und das ständige Verbinden von Begriff und Bild halfen ihm dabei. Eine solche Verbindung deutet die Usurpation an: Die Wirklichkeit wird neu gemacht nach Maßgabe eines Postulats.

Ist die Utopie das Schöne?

Wichtig für den utopischen Erwartungshorizont der zeitgenössischen Literatur ist die Tatsache, daß sich theoretische Überlegungen mischen mit der Unmittelbarkeit des Ausdrucks: Das utopisch Gedachte, Gewünschte ist immer sinnlich, bzw. wird erst in der Sinnlichkeit des Ausdrucks wahr. Man könnte auch sagen, Utopisches realisierte sich bisher immer wieder nur als Kunst. Es ist auffallend, wie sinnlich die Sprache der zitierten zeitgenössischen Autoren ist. Warum ist sie das? Es ist eine einfache Sprache. Man möchte sie anfassen, berühren können. Sie lockt einen für die Zeit, in der man sich mit ihr einläßt, aus miesen Zuständen heraus. Schon in der sinnlichen Äußerlichkeit, in der formalen Qualität steckt ein utopisches Versprechen, daß ich eben das, was ich jetzt lese, plötzlich für immer besitze. Eine eigentümliche Übereinstimmung aller drei Texte stellt sich außerdem ein: Ihre Gegenständlichkeit, ihre ungemeine Tatsächlichkeit im Umgang mit etwas eigentlich Fernem, Unerreichbarem. Das bringt eine besondere Perspektive auf. Ich würde sie die Perspektive der heroischen Idylle nennen. Das bedeutet: Alles, was sinnlich denkbar ist, löst geistige Vergegenwärtigung ein. Es hat also doch noch etwas mit dem jungen Bloch zu tun. Der *Geist der Utopie* beginnt mit der Beschreibung eines Kruges:

»Es ist schwer zu ergründen, wie es im dunklen, weiträumigen Bauch dieser Krüge aussieht. Das möchte man hier wohl gerne inne haben. Die dauernde, neugierige Kinderfrage geht wieder auf. Denn der Krug ist dem Kindlichen nahe verwandt. Und zudem, hier das Innere mit, der Krug faßt und hat seinen Maß. Aber nur noch der Geruch vermag einen feinen Duft von längst vergessenen Getränken mehr zu erraten als zu empfinden.«[26]

Ernst Bloch hatte die Gegenwärtigkeit des Schönen eher symbolisch veranschaulicht. Denn Utopie war zunächst Vergegenwärtigung des Sinnlichen, das sonst überall zerstört wird. Die drei Utopiker wissen nicht mehr, was Bloch wußte, bzw. wollen es nicht wissen. Sie kennen keine heilsgeschichtlichen Beziehungsfiguren mehr. Sie entziehen sich nicht mit Wörtern unserem »kaputten« Zustand und den offensichtlich gescheiterten, verkommenen, unterdrückten Tendenzen einer Realutopie, mit der sie alle sympathisierten. Sie teilen nicht ein in Idee und Wirklichkeit, sondern die Wirklichkeit ist ihnen deshalb so, eben weil sie gegen sie keine »Idee« gesetzt haben. Ihre Gegenwirklichkeit wird direkt aus der Erfahrung erdacht. Bloch hat in *Das Prinzip Hoffnung* dafür einen schlagenden Begriffszusammenhang gefunden: »Entdeckung des Noch-Nicht-Bewußten oder der Dämmerung nach vorwärts / Noch-Nicht-Bewußtes als neue Bewußtseinsklasse und als Bewußtseinsklasse des Neuen.«[27]

Die stammelnde Sprache des frühen, expressionistischen Bloch und die extatische Metaphorik des revolutionären William Blake – beide Figuren zeigen seltsamerweise intellektuell und künstlerisch vergleichbare Eigenschaften – stellten Utopie ästhetisch her. Wenn die Motivation zum utopischen Sprechen bei den jüngeren Repräsentanten der Jetztzeit auch materieller Natur ist, weniger literarisch vermittelt und induktiver erreicht wird, wenn man sagen kann, utopisches Sprechen versucht sich hier fast wie ein Handeln zu legitimieren bzw. utopisches Sprechen denkt gerade über die Spannung zwischen Handeln und Reden nach, so bleibt doch auch für diese jüngsten Beispiele der literarischen Utopie das banale, aber gleichzeitig so entscheidende Faktum zu beargwöhnen, von dem wir nachdrücklich, ohne es zunächst zu problematisieren, ausgegangen sind: Die Utopie ist hier immer eine literarische. Die Affinität des utopischen Denkens zum literarischen und ästhetischen, nicht also zum eigentlich wissenschaftlichen Denken ist systematisch einsehbar und historisch zu belegen.[28]

[26] *Geist der Utopie*, a.a.O., S. 14
[27] Ernst Bloch, *Das antizipierende Bewußtsein*. In: *Das Prinzip Hoffnung*, Bd. 1, S. 129
[28] Vgl. hierzu Wolf Lepenies, *Melancholie und Gesellschaft*. Frankfurt 1969. S. 186 u. S. 175

Seit den ästhetischen Dokumenten, mit denen man den Beginn der Moderne datiert, also etwa seit Baudelaires und Nietzsches Schriften, erhob die künstlerische Avantgarde, wie Futurismus, Surrealismus, Konstruktivismus, den utopischen Anspruch, und auch monologische Systeme wie das von Robert Musil gehen ausdrücklich auf die utopische Aufhebung des jetzigen durch einen »anderen« Zustand aus. Bevor gezeigt werden soll, inwiefern die derzeitigen utopischen Versuche unter einer veränderten ideologischen Situation entstehen, muß die radikale Kritik bedacht werden, der sich die ästhetische Utopie seit den zwanziger Jahren aussetzt, für die man pars pro toto den Surrealismus setzen kann.

Die wichtigsten aktuellen Beispiele dieser Kritik stammen aus der literarischen Schule Adornos, der selbst im Widerspruch zu Walter Benjamin den Surrealismus einem konsequenten ideologiekritischen Verdacht unterwarf.[29] Von Walter Benjamins wahlverwandter Rezeption des Surrealismus soll im zweiten Teil gesprochen werden. Jedenfalls heißen die materialistisch und ideologiekritisch geführten Einwände gegen die bürgerliche Avantgarde: Isolierung des Subjekts, Flucht ins Romantisch-Irrationale, Verdrängung der konkreten Produktionsbedingungen, Sich-Entziehen dem notwendigen Geschichtsprozeß zum Kollektiven hin durch formale Nuancen. Carl Einstein[30] hat als einer der ersten und am radikalsten, seine Argumente monoton wiederholend, alle Punkte gegen die bürgerliche Avantgarde vorweggenommen, die danach und heute wieder bei der Diskussion um eine materialistische Ästhetik auftauchen, die aber auch in der konservativen Kulturkritik Arnold Gehlens an der herrschenden Intellektuellen-Kultur enthalten sind:

[29] Hervorzuheben unter den Adorno hierin folgenden Arbeiten sind Peter Gorsen, *Das Bild Pygmalions. Kunstsoziologische Essays.* Reinbek 1969, und Elisabeth Lenk, *Der springende Narziß.* André Bretons poetischer Materialismus. München 1971. Historisch wichtig außerdem Peter Bürger, *Der französische Surrealismus.* Studien zum Problem der avantgardistischen Literatur. Frankfurt 1971.

[30] Carl Einsteins Werk und Bedeutung ist durch die Arbeiten von Sibylle Penkert erst einer größeren Öffentlichkeit wieder deutlich geworden. Zunächst durch ihre Monographie und Nachlaßtexte, jetzt durch die Veröffentlichung des Manuskripts *Die Fabrikation der Fiktionen.* Reinbek 1972, das sie dem von ihr 1963 in Paris entdeckten Nachlaß entnahm.

»Die Intellektuellen hatten die theoretischen und ästhetischen Bezirke vom Wirklichen zunächst abgetrennt. Man hatte Reservate geschaffen. Nach dem Zusammenbruch der religiösen Übereinkünfte waren Traum und Wirklichkeit zum reflektiven Privateigentum der Intellektuellen geworden. Hierüber verfügten sie theoretisierend; spekulierten damit und beanspruchten die Kontrolle der seelischen Kräfte und Funktionen. Die Formulierungen dieser Ansprüche sind bekannt: Ungefähr, die Welt ist meine persönliche Erkenntnis, mein Erlebnis usw. (– Man bemerkt hier die antihistorische Einstellung der Subjektivisten, welche die Bedingtheiten der Person abschwächen oder verbergen. –) Die Intellektuellen erstritten ein Monopol der Wertsetzung.«[31]

Dies zur allgemeinen Geistesverfassung, die der Materialist dem subjektivistischen Künstler bis heute vorzuwerfen hat. Zum besonderen Verdikt gegen den utopischen Anspruch dabei:

»Die avancierten Aufrührer (Avantgarde) glaubten noch immer an die Suprematie einer inneren Welt. Tatsächlich skizzierten sie eine durchaus utopische Kunst und wiesen hiermit, daß ihnen die Wirklichkeit defekt und fehlerhaft erschien. Die Modernen versuchten eben, die intellektuellen Vorrechte und die Überlegenheit der Fiktionen zu sichern. Hierzu wurden die imaginativen Prozesse (Reflexe) zu Kriterium und zur Dominante des Realen erhoben.«[32]

Dieses zur endgültigen Setzung und zum verlockenden Katechismus geeignete Verdikt hat seinen besonderen biographischen und historischen Hintergrund. Es wendet sich gegen eine geschichtslos gewordene Libertinage des wertneutralen liberalen Künstlers, dessen aufschlüsselnde Pendant-Figur der Bankier der zwanziger Jahre ist. Insofern ist das »konkrete Gelten«[33] einiger Produktionen der bürgerlichen Avantgarde kaum schärfer zu erfassen und hat sich in den fünfziger und sechziger Jahren wiederholt. Andererseits hilft diese Einsicht nicht viel weiter, dem Dilemma, das die ästhetische Moderne uns stellt, zu entkommen. Verkürzt gesagt, hier nicht ausführbar, ist auf folgende Punkte aufmerksam zu machen:
1. Die Arbeit an einer materialistischen Ästhetik sollte sich vor der Illusion hüten, einerseits die materialistischen Forderungen erfüllen zu können und andererseits doch noch Kunst machen zu wollen. Das logische Ende der materialistischen

[31] Carl Einstein, a.a.O., S. 19
[32] Ebda., S. 22
[33] Vgl. hierzu Sibylle Penkert, ebda., S. 336

Kritik ist eine Gesellschaft, die ohne Kunst auskommt, so daß jede nicht nur historische, sondern interpretatorisch-identifikatorische Beschäftigung mit Kunst eine Revision des materialistischen Gedankens bedeutet, was Einsteins Prosa belegt.

2. Die wiederaufgelebte ästhetische Diskussion über Probleme, die durch die faschistische Periode unterbrochen und durch die bürgerliche Nachkriegs-Restauration bis heute verschoben wurde, sollte nicht verdecken, daß diese Diskussion ein historisches Nachholbedürfnis ist, gewisse Punkte weiterzudenken, uns aber, was die Aporie zwischen dem hypothetisch Schönen und dem geforderten Wahren betrifft, nicht weiter gebracht hat.[34]

Man kann zwar die Debatte der zwanziger und dreißiger Jahre noch einmal führen, aber man sollte sich klar darüber sein, daß dies systematisch bisher nichts eingebracht hat und nichts einbringen wird, es sei denn, man verschärft endlich die Bedingungen und läßt die Kategorie des Schönen zu. Nur das wäre eine Maßnahme, die über die Wiederholung inzwischen schon akademisch gewordener Argumente hinwegführt. Als wichtigster neuer Punkt wäre hinzuzunehmen, daß wir keinerlei Anlaß mehr haben, das Kollektiv als die große, wünschenswerte Unbekannte in die neue Rechnung aufzunehmen. Wo man das materialistische Pathos der zwanziger Jahre wiederholt, und das geschieht oft, arbeitet man nicht konkret historisch, sondern seinerseits wiederum epigonal. Es waren, davon gehen diese Überlegungen aus, vielmehr historische und politische Erfahrungen zu machen, die sogar rückwirkend jene »regressiven Fiktionen der Utopie«, wie Einstein sie nannte[35], allem überlegen macht, was an historisch blindem Realismus in den fünfziger und sechziger Jahren bei uns formuliert worden ist. Walter Benjamins relativ späte Entzündung am Surrealismus ist allein schon Indiz dafür, und man sollte es möglichst nicht gegen eine noch spätere Position aufrechnen, weil damit wenig bewiesen ist, außer »einer erschreckenden Ordnungsliebe«, Kunstrichtungen »in gewisse Schubkästen« zu legen, »wo schon politische Parteien liegen«, wie Brecht es ironisch ausdrückte.[36]

[34] Dieses Problem erstmalig gesehen und formuliert hat Lothar Baier anläßlich einer Analyse der wiederaufgenommenen Brecht-Lukács-Debatte in »Text + Kritik«, Sonderband *Bertolt Brecht I*. München 1972, S. 37 ff.

[35] Einstein, a.a.O., S. 145

[36] B. Brecht, a.a.O., S. 87

Es kam uns anläßlich der Diskussion des literarischen Begriffs von Utopie darauf an, sich der Vorbelastung durch die ästhetischen Programme der zwanziger Jahre zu erinnern. Inwiefern sind nun die utopischen Motive der heutigen Literatur eine Wiederholung oder Fortsetzung des alten? Sie sind es nicht, was die literarische Selbstdefinition betrifft. Es läßt sich kein literarisches Programm vergleichbarer Art bei den Utopikern, von denen hier die Rede ist, nachweisen. Warum nicht, wo es doch durchaus in den sechziger Jahren und früher ästhetische Konzepte in der Tradition des Surrealismus und Dada gegeben hat? Eben deshalb nicht, weil diese und alle zukünftig denkbaren Utopiker, die im Ansatz richtige Vorstellungen der Surrealisten, nämlich Leben und Kunst zu verbinden, nicht mehr, wie es jene taten, literarisieren, sondern ernst nehmen und ihnen deshalb ein ästhetisches Programm im tradierten Sinn der historischen Avantgarde unwichtig sein muß. Die utopische Erwartung stellt sich hier im Gegensatz zur alten literarischen Avantgarde nicht mehr in einer autistischen Reflexion dar, sondern sie hat die Außenwelt wirklich mit einbezogen und ihre eigene Vergeblichkeit thematisiert. Widmer sagt es ganz banal: »Ist die Entfremdung das Thema der Kunst überhaupt, weil allein schon die Tatsache, daß die wie auch immer gearteten Sehnsüchte immer wieder aufgeschrieben werden statt gelebt, ein Hinweis auf den entfremdeten Zustand der Existenz aller ist?«[37] Und Born: »Für Störungen der utopischen Gegenbilder ist gesorgt: sie werden beschossen. Die Langeweile lebenslänglicher Feierabendparadiese ist nicht zu befürchten. Wie die Utopie in der Realität enthalten ist, so auch die Realität in der Utopie.«[38] Wenn Carl Einstein den Avantgarde-Intellektuellen bestätigt: »Die Individuen waren vereinsamt. Die Fähigkeit zur Sympathie, die komplexen Empfindungen verkümmerten«[39] und von der »fessellosen Konkurrenz« spricht[40], so muß man über die gegenwärtigen Utopiker sagen, daß sie gerade diesen Sachverhalt genau begriffen haben und ihn, wie noch zu zeigen sein wird, zu einem zentralen Motiv ihres utopischen Sprechens zu machen im Begriffe sind.

Das beweist allerdings auch, daß sich die Utopie weiterhin ver-

[37] Widmer, a.a.O., S. 13
[38] Born, a.a.O., S. 115
[39] Einstein, a.a.O., S. 145
[40] Ebda., S. 185

bunden hat mit dem gesellschaftlich isolierten Subjekt. Die melancholische Handlungshemmung, die sozio-historisch schon als Ursache für erste Utopiebildungen in England erkannt worden ist[41], gilt nach wie vor. Sie wird jedoch nicht mehr als bewußter und elitärer Handlungsverzicht ideologisiert, wie es die Surrealisten taten, sondern ganz im Gegenteil kritisch mit einbezogen in die utopische Besetzung des Denkens. Man macht sich keine Illusion mehr über die realpolitischen Konsequenzen imaginativen Schreibens und nicht über die eigene Rolle bei dieser Handlung. Für sie gilt nicht mehr, was Hans-Wolfgang Schaffnit über Musils utopische Schreibhandlung feststellte:

»Diese Situation ist nicht die ›Einsamkeit‹ des Dichters gegenüber einer Gesellschaft, deren künftige Normen er voraus denkt. Insofern ist sie nicht vergleichbar mit der Unabhängigkeit des Wissenschaftlers. Es ist vielmehr die Situation des schöpferisch arbeitenden Künstlers im Chaos, für den jede bestimmte, ihn bestimmende gesellschaftliche Orientierung ungültig ist, auch diejenige, der kritische Antipode dieser bestimmten Gesellschaft zu sein.«[42]

Wer heute utopisch zu schreiben versucht, hat solche Ansprüche des absoluten Subjekts fallengelassen, er hat der induktiv gewonnenen, konkreten Erfahrung des Alltags dafür eine motivierende Funktion eingeräumt, aber, und hier liegt weiterhin das Paradoxe seines Unternehmens, er stellt den Begriff oder das Bild vom Utopischen eben nur durch eine ästhetisch-literarische Aktion her, die kein Modell ist für soziales Handeln, nicht für die Pädagogik, nicht für den Verkehr, nicht für Stadtplanung, nicht für die Gesetzgebung, nicht einmal für die Futurologie. Das Literarisch-Utopische bleibt trotz der in ihm festgehaltenen Skrupel weiterhin das ästhetisch Schöne, genauer gesagt, es wird erst manifest als ein solches. Es wäre unaufrichtig und hieße das Problem vernebeln, wenn man mit dem Hinweis auf die soziale Affinität des Utopischen diese apriorisch gegebene ästhetische Struktur leugnen wollte. Nein, die Sprache ist hier nicht einfach Transporter emanzipatorischer Botschaften, sondern sie organisiert zunächst, indem sie zur sinnlichen Erfahrung des Lesers wird, dessen utopischen Erwartungshorizont: als melancholisch-stoischen Befund (Gu-

41 Vgl. Lepenies, a.a.O., S. 30f.

42 Hans-Wolfgang Schaffnit, *Mimesis als Problem. Studien zu einem ästhetischen Begriff der Dichtung aus Anlaß Robert Musils*. Berlin 1971. S. 4

stafsson), als das sich selbst zuschauende Inszenieren des »Als Ob« (Widmer), als paradoxes Glück (Born). In solcher sinnlichen Entfaltung des Denkbaren wird der Widerspruch zum Gemachten bewußter als in den herkömmlichen gesellschaftskritischen Texten, die ohne solche sinnliche Qualität allzu schnell integrierbar sind in das System, dem die Kritik gilt, und der ist keineswegs deckungsgleich nur mit dem »konservativen« Bestand.

Das romantische Mißverständnis

Aber es bleibt der Zweifel: Was kann ich Utopisches wagen, in Worte zu fassen, wenn das Utopische, in der Jugendzeit Blochs noch realhistorisch, geschichtsfermenthaft, zeitstrukturell gedacht, vor den Ansprüchen der realen Szene so eindeutig widerlegt scheint? Was für ein Rest bleibt übrig, wenn der grauenhafte Manager-Satz zu gelten beginnt: »Es ist nicht machbar.« Damit wäre erst eigentlich das Argument genannt, vor dem utopisches Sprechen ein Zittern befallen müßte, vor dem es endgültig stumm werden könnte. Ich meine es so: Was passiert dem literarischen Utopiker, wenn nachdrücklich bewiesen ist, daß seine politischen, gesellschaftlichen, sagen wir einmal vorsichtig seine kulturrevolutionären Hoffnungen zerschlagen werden? Auch wenn es keine direkten verschwörcrischen, besonderen Beziehungen gibt zwischen antiautoritären, revolutionären und kulturrevolutionären Künstlern und Intellektuellen, so gab es dennoch einen politischen Kontext zwischen so unterschiedlichen Vorgängen wie der Eskalierung des Ressentiments gegen Böll, der Entlassung von Beuys als Professor einer Akademie und schließlich auch der Kriminalisierung und bevorstehenden Aburteilung einst radikaler Studenten und Schüler. Das sind Ereignisse, wodurch revolutionäre oder kulturrevolutionäre Zukunft plötzlich aufgehoben wird, nicht mehr existiert, durch politische Repression oder aber individuelle Pathologie ins Aus gedrängt wird. Wie reagiert hierauf der utopisch gestimmte Schriftsteller? Es ergibt sich nämlich jetzt die Probe darauf, was an seinen Eingebungen dran ist. Es entsteht jetzt die Frage, ob utopisches Schreiben nicht eine Fluchthandlung ist, eine Ersatzhandlung für das, was in Wirklichkeit nicht erreichbar ist, nie erreichbar sein wird. Sofern utopische Disposition sich vor den kulturrevolutionären

Jahren betont gesellschaftskritisch, kämpferisch, aggressiv politisch oder ekstatisch äußerte, wird keine Wiederholung der gleichen Sprache denkbar sein. Der »kulturrevolutionäre« Autor ist erst recht am Ende:

> »Und es wird bald eine ganze Welle solcher Selbstmorde geben, weil die Aussichtslosigkeit dieses Geldverdiener- und Konsumfriedhofs, auf dem wir inzwischen gelandet sind, immer mehr Leuten klar wird. Das konnte durch Politisierung, Revolte, Drogen, Bombenwerfen und Kreativproduktionen ziemlich lange noch verkleistert werden, inzwischen läßt es sich nicht mehr bemänteln, auch nicht mehr durch utopische Ideen von der Veränderbarkeit des Bestehenden . . . Nach dem ›Werther‹ haben sich viele umgebracht . . . Aber sie haben sich nicht wegen des Buches umgebracht, diese Behauptung war eine infame Verdrehung. Sie haben sich umgebracht, weil sie begriffen, daß das Ende der Romantik da war. Und wir sind wieder in einer ähnlichen Situation. Auch unsere Romantik ist zu Ende. Wieder einmal.«

So Herhaus/Schröder mit romantischem Pathos.[43]

Die Gefahr eines bloß romantischen, medienvermittelten Mißverständnisses der Utopie liegt nahe. Es ist angebracht, auf diesen problematischen Punkt im Vorfeld derzeitigen utopischen Sprechens abzuheben: die bloße kulturrevolutionäre Motivation und ihre Glaubenssätze ohne eigentlichen Erkenntnisskrupel. Sie sind in den zitierten Sätzen von Herhaus/ Schröder eindeutig belegt. In weniger authentischen, die kulturrevolutionäre Vorgeschichte eher reflektierenden Büchern sind sie aber auch zu finden. Beispielhafter Beleg hierfür ist Günter Herburgers Prosaband *Die Eroberung der Zitadelle.* Der prinzipielle Fehler dieses Buches ist, daß der Autor, der den Ehrgeiz hat, Utopie mit Skepsis zu stützen, an einer falschen, das heißt romantisch und kulturrevolutionär verkürzten Vorstellung der Utopie begrifflich scheitert. Für unsere Fragestellung ist wichtig nur folgendes: Herburger unterstellt unbewußt utopischen Vorstellungen einen im umgangssprachlichen Anwendungsbereich noch zulässigen, hier aber ganz und gar unzureichenden Sinn von emotioneller Bewegtheit, von aggressivem Änderungswillen, wodurch ein Banküberfall zu einer utopischen Handlung wird: »Er sei ein Utopist, sage ich.«[44] Utopie ist auf dieser Reflexionsebene genau das, was der vor-

[43] H. Herhaus/J. Schröder, *Siegfried.* Frankfurt 1972, S. 347
[44] Günter Herburger: *Die Eroberung der Zitadelle.* Erzählungen, Darmstadt 1972, S. 138

dergründig zwar kritisierte, in Wahrheit aber grenzenlos bewunderte kulturrevolutionäre Held Lenau in der gleichnamigen Geschichte darüber denkt: Die kindlich narzistische Aggression gegen etwas, gegen alles. Der dabei zu Tage tretende Omnipotenzwahn wird zwar in seinen sinnlichen Erscheinungsformen genau erfaßt, aber die Kritik an ihm bleibt vordergründig, was sich schon daran ablesen läßt, daß dem skeptisch vorgeführten Helden Lenau die positiv gewerteten Figuren der Utopie »Kongs Kinder« in der wesentlichen »utopischen« Eigenschaft entsprechen, nämlich das System, die Erwachsenen, die Herrschenden höhnisch abzulehnen. Dieser Herburgersche Versuch, die stereotypen Gesten der kulturrevolutionären Herausforderung in den Zustand skeptisch-melancholischer Gestimmtheit utopisch zu verlängern, scheitert daran, daß er das Problem utopischen Verhaltens als Erkenntnisproblem überhaupt nicht sieht, er es also auch nicht problematisieren kann.

Insofern erscheint das utopische Thema hier ohne jeden theoretisch diskutablen Ansatz. Es ist bloß ein anderes, allzu leichtfertig verwandtes Wort für variable Metaphorisierungen des »Widerstands«. Nachdem der Widerstand realpolitisch gescheitert ist, wird die Utopie als verbleibende Denkform nicht diskutiert, erzählt, relativiert, werden die utopischen Ansätze überhaupt nicht auf ihren instrumentellen Wert hin überprüft, sondern im Gegenteil löst sich das Problem dadurch, daß man ganz einfach Märchen vom Widerstand erzählt. Was an Aporie auftauchen könnte, wird nur emotionell, das heißt hier in einem Anflug von koketter, schöner Melancholie angedeutet, ohne wirklichen gedanklichen Ertrag. Der Utopiker als »schöner Verlierer«. Dabei läßt der Beginn der Geschichte Lenau das Beste für unser Problem erhoffen: »So leichtfertig wie bisher, fürchte ich, lassen sich die schönen Beispiele nicht weiter herstellen. Je näher ich der Gegenwart komme, im Grunde schon die allernächste Zukunft meine, desto mühsamer, unübersichtlicher, vereinzelter wird mein Geschäft. Ich sitze und schreibe, habe Angst und schreibe ...«[45] Aber aus dieser angesetzten Reflexion zur utopischen Denkform wird nichts. An ihre Stelle rückt die Faszination vor dem Exotismus eines Typs der Revolte. Das Akzidentielle frißt das Substantielle auf.

[45] Herburger, a.a.O., S. 113

Das liegt keineswegs nur an Herburgers spezifischen Vorzügen und Nachteilen, sondern an seinem realen Bezugsobjekt selbst, zu dem Herburger allerdings ein besonderes unreflektiert sentimentales Verhältnis unterhält: Was Herburger, vor allem in der wichtigsten Geschichte »Lenau«, als Utopisches zu erreichen versucht – nennen wir es einmal die Schönheit der kulturrevolutionären Aggression – entbehrt nun doch wohl der notwendigen Qualität solcher anspruchsvollen Unterstellung. Die von Herburger vorgeführten utopischen Subjekte sind nämlich nur Medienprodukte, verwöhnte, durchgedrehte »Kinder von Marx und Coca Cola«, ohne daß dies ihr Mentor Herburger, bei aller Kritik an ihnen, wirklich bedächte; denn wie hätte er sonst diesen Typus überhaupt zum Träger eines utopischen Anspruchs stilisieren können. Dieses Buch liefert zwar wichtige Motive, vor allem das Motiv der Angst als Handlungsanweisung[46], aber für das eigentliche Problem, utopisches Verhalten angesichts offensichtlichen Debakels, leistet es nichts. Gerade die Kritik, die immer wieder vorgetragen wird, und die, wie wir sehen werden, in einigen Argumenten an die Kritik des Gegenutopikers Grass erinnert, läuft offene Türen ein, weil das Utopische hier so sehr vom Begriff herunter auf die Gestimmtheit eines melodiösen Hippie-Lieds gebracht ist. Vielmehr könnte die bösartige Verdächtigung utopischer Kategorien auf Herburgers Beispiel verweisen, um um so leichter die intellektuellen Fehlleistungen kulturrevolutionärer Romantik zu verwechseln mit der Anstrengung des utopischen Sprechens, Fehlleistungen, die das nur noch naiver wiederholen, was in Kursbuch-Beiträgen des Jahres 1969 schon damals unhaltbar naiv geträumt worden ist.[47]

Herburger verlängert die Kulturrevolution, indem er sie mit nostalgischen Reizen und der trügerischen Aura des Utopischen ausstattet, wodurch allerdings ein wie auch immer gerateter Zusammenhang mit den schon erörterten Beispielen utopischen Sprechens hergestellt ist.

[46] Vgl. hierzu im anderen Zusammenhang Seite 132 dieses Buches.
[47] Vgl. Karl Heinz Bohrer, *Die gefährdete Phantasie, oder Surrealismus und Terror*. München 1970, S. 55 f.

Die Verabsolutierung des Zustandes hypothetisch verhindern

Also was ist? Was wäre wenn danach von diesen utopischen Schreibhandlungen zu halten? Haben solche, die das versuchen, die Lage ebenfalls nicht begriffen oder verschönt und wären danach letztlich Fälle von flüchtender Verirrung? Das ist, von mir aus gestellt, zwar eine rhetorische Frage, aber sie soll für denjenigen, dem sie eine wirkliche Frage ist, beantwortet werden:

1. Utopisches Sprechen ist nicht identisch mit der Sprache der sogenannten Kulturrevolution. Die zweifellos auch utopisch argumentierenden Texte der »Neuen Sinnlichkeit«, der Pornographischen Phantasie, der kulturrevolutionären Theorie (aufschlußreiches Material zum Utopiebegriff bietet das im August 1968 erschienene »Kursbuch« 14) waren von anderer Art: Sie waren weniger reflektiert, garantierten Unmittelbarkeit oder aber enthielten konkrete politische Zielvorstellungen. Demgegenüber verhalten sich die hier genannten Utopiker betont reflektiert, mittelbar und ohne inhaltliche Zielbestimmung. Sie diagnostizieren vor allem ihre eigene utopische Erwartung, verhalten sich nicht naiv »utopisch«, sondern machen das Utopische zum Gegenstand ihres Nachdenkens; versuchen also nicht wie Herburger zu wiederholen, was schon einmal versucht wurde. Im Gegenteil, diese Texte sind zu verstehen als eine kritische Reaktion auf den abgestürzten Ikarus »Revolution«.

2. Wenn es eine Reaktion ist, dann muß man allerdings weiterfragen: zu welchem Zweck? Etwa als Flucht und Ersatzhandlung doch? Das klingt wie ein Vorwurf, aber wenn man das Klischeemuster dieses Vorwurfs einmal hinter sich gebracht hat – wieso sollte man eigentlich nicht manchmal fliehen müssen? – dann wird vielleicht deutlich, daß diese »Flucht« in utopische Prosa deshalb notwendig ist, gerade weil das Denkbare am Machbaren scheitert. In dieser Situation aber besteht der Utopiker auf Gedanken, die hypothetisch aufrecht zu erhalten sind. Er verhindert, daß das Machbare endgültig ohne Alternative bleibt. Selbst Karl Mannheim hat die Funktion von sogar extrem realitätsfernen Utopien mit einseitiger Weltsicht und Begriffsbild dahingehend in Schutz genommen, daß solche Utopien die »Verabsolutierung der jeweiligen Seinsordnung« verhindern, »indem sie diese nur als eine der möglichen To-

pien« betrachten, »die aus sich sofort jene utopischen Elemente heraussondern wird, die diese dann zu sprengen berufen sind«.[48]

2. Das utopische Ziel

Somit wäre der nicht aufgegebene, sondern erst hergestellte utopische Erwartungshorizont im politischen Kontext vorläufig geklärt und als sinnvolle Handlung einsichtig gemacht. Was bedeutet dieser Sachverhalt aber, wenn über ihn hinaus utopische Inhalte dazukommen? Nunmehr würden die Bedingungen zweifellos schärfer und der Ausgang einer solchen Frage hätte Rückwirkungen auf unsere vorläufig positive Antwort. Material für die Frage nach solcher utopischer Inhaltlichkeit, in das die Reflexion revolutionären Scheiterns aufgenommen ist, liefern Martin Walsers Roman *Die Gallistl'sche Krankheit* und Hans Magnus Enzenbergers Roman *Der kurze Sommer der Anarchie*. Bevor diese Probe aufs erste Exempel aber durchgeführt wird, muß aus Gründen der Methode der realistische Gegenentwurf erörtert werden.

Der Realismus und die Realität

Es gibt und gab unter den Dichtern nicht nur »Utopiker«. Es gibt auch die »Realisten« und diese haben sogar eher die künstlerische Leistung als Argument für sich: Allerdings beginnen sie nach Maßgabe ihres inzwischen kurzatmig gewordenen Realismus – das sei als These vorweg gesetzt – Wirkliches zu übersehen. Unbewußt und ohne böse Absicht beginnen sie ebenfalls den Satz »Es ist nicht machbar« endgültig wider die Utopiker zu kehren. Melancholisch, kritisch, schuldbewußt gewiß, aber mit der ungeduldigen Geste des Erfahrenen. Günter Grass vor allem ist dieser Gegen-Utopiker. Er ist es nicht nur durch Besonderheiten seiner politischen Biographie, sondern er ist es mehr noch als der am puren Stoff, an dem, was er für Realität hält, mit allen Fasern festhaltende Erzähler, der polemisch das Besondere liebt und dem Allgemeinen mißtraut. Er ist der Widerpart des Utopikers schlechthin. Er ist also der

[48] Mannheim, a.a.O., S. 174

Widerspruch zu allem, was hier bisher vorgetragen bzw. zitiert worden ist. Grass hat sein politisches *Tagebuch einer Schnecke* beendet mit politischer »Melancholie«˙ und sich ausdrücklich dabei des Wortes »Utopie« angenommen: »Nur wer den Stillstand im Fortschritt kennt und achtet, wer schon einmal, wer mehrmals aufgegeben hat, wer auf dem leeren Schneckenhaus gesessen und die Schattenseite der Utopie bewohnt hat, kann Fortschritt ermessen.«[49]

Günter Grass – das sei vorweg klargestellt – hegt keine Feindseligkeit gegen die Utopie. Im Gegenteil: Auch er hat sie thematisiert. Ihm ist »Melancholie und Utopie Zahl und Adler der gleichen Münze«. Aber es ist bei näherem Zusehen allenfalls eine schöne Metapher. An dem Realisten Grass läßt sich erschließen, wie der konstitutionell nicht-utopische Dichter über utopisches Verhalten denkt: nämlich nach dem Gesetz von Gegenideologien. Grass hat – seine Ausfälle gegen den Utopiker Hegel beweisen das – in diesem Buch metaphorisch, szenarisch und anekdotisch alles zusammengefaßt, was der gesunde Menschenverstand angesichts des Machbaren gegen das Denkbare sagen kann, wobei es eine Einschränkung zu machen gibt:

Dieser Realist erörtert nicht Denkbares, was der wirkliche Anspruch des Utopikers ist, sondern er erörtert die ideologischen Zerrbilder von Denkbarem. Grass' Utopiebegriff läßt dasselbe romantische Mißverständnis erkennen, das bei Herburger zu erkennen war: Er verwechselt Utopie, was eine Denkform ist, mit der kulturrevolutionären Psychologie von Jugendlichen. Wie Herburger, wenn auch mit anderen Konsequenzen und in bewußter Polarisierung, erscheint ihm die Utopie immer wieder in Bildern jugendlicher Aggression. Herburger, der sich mit dieser Aggression zumindest im ästhetischen Traum davon identifiziert, schreibt selbstkritisch, und es könnte von Grass sein, über seinen aggressiven Helden:

»Nachts kommt Lenau aschfahl nach Hause. Er war im Kino, sah Humphrey Bogart zäh und tückisch eine Spur verfolgen, wie er Unrecht tat, um sich schlug, selbst niedergeschlagen wurde, wieder aufstand und weiterbellte auf der Suche nach Beweisen, sozusagen ein alter, abgemagerter Sozialdemokrat, der nicht aufgibt, um wenigstens am Ende seiner Tage einen Zipfel der Gerechtigkeit zu fassen. Wir kennen

---

[49] Günter Grass, *Tagebuch einer Schnecke.* Darmstadt 1972. S. 368

die Faszination der störrisch knochigen Helden mit dem schiefen Mundloch, in dem die Pfeife, die ewige Zigarette steckt, mit den hochgezogenen Schultern und den ächzenden Lungen, in denen der Krebs nistet. Wir sind ihnen ergeben, doch wir haben nicht soviel Schulung hinter uns wie sie durch grausames Überleben inmitten Jammer und Schicksal. Wir wollen alles ohne Mühe und sofort.«[50]

Dieser von Herburger zögernd gedachte Realismus wird von Grass nur mit vermehrter Stoßkraft, aber in die gleiche, falsche Stoßrichtung gebracht, wo für den Utopiebegriff nichts Wichtiges abzuleiten ist. Herburger schildert ein Gespräch über die ideologische Haltung eines mörderischen, studentischen Amokläufers, der in Uppsala mit einem Maschinengewehr unter Studenten ein Massaker anrichtet: »Das sei ein wahnsinnig gewordener Genosse, schreit Lenau. Das sei ein Faschist, schreie ich. Ein Genosse im Wahnsinn sei wichtiger als tausend andere, sagt er. Ein Schwede brauche nicht zu schießen, sage ich. Ich sei ein Defaitist, sagt er. Nein, ein Realist, sage ich.«[51] Herburger relativiert die Realismushaltung wieder, Grass spitzt sie eher zu, Herburger identifiziert sich zögernd noch immer mit der jugendlichen Aggression und schämt sich seines Altersrealismus, Grass bekennt sich, die Polemik gegen sich in Kauf nehmend, zur Melancholie des Erwachsenen, der seinen seelsorgerisch-pädagogischen Rat bereithält.

Was in diesen beiden Fällen der Utopie-Realismus-Diskussion übersehen wird, ist folgenschwer: Ganz und gar fixiert auf äußerliche Erscheinungsformen, die ausschließlich in der jugendlichen Gegenkultur gesehen werden, bzw. an Produkten des Fernsehens, der Filme und anderer Transporter »progressiver« Kulturindustrie, die als pure Phänomenologie ohne Ursache und Bedingungen genossen oder kritisiert werden, verlieren beide trotz gegensätzlicher Position das eigentlich zu thematisierende Problem nicht nur aus dem Auge, sondern fassen es nie in den Blick.

Den »Stillstand des Fortschritts« begründet Grass »kulturphilosophisch«. Im Angesicht von Dürers »Melencolia I« entwikkelt er eine Folge metaphorischer Darstellungen des Begriffs Utopie. Vor diesen stellt sich ihm, dem Erfahrenen, Utopie dar. Utopisches Verhalten regrediert bei dieser Absicht durchweg zu einer Art verständlicher, aber nicht desto weniger

[50] Herburger, a.a.O., S. 139f.
[51] Ebda., S. 125

schlimmen Psychopathie von Jugendlichen: Sie wird also nach einem klassischen Mechanismus relativiert: 1. Als Krankheit, die man fürsorglich heilen muß. 2. Als Unreife des noch nicht erwachsenen Menschen:

»Solch resignative Utopie mußte, in ihrer Ähnlichkeit zu frühchristlichen und asketischen Heilsvorstellungen, Zulauf von allen Seiten haben. Unsere Zeit begünstigt Sektenbildung. Kirchliche Jugendgruppen, Gemeinschaft suchende Einzelgänger, sich ihrer Privilegien kurzfristig schämende Söhne und Töchter abgesicherter Bürger, Pazifisten, Hippies, Rocker, Protestierende gegen den Krieg in Vietnam, gegen die Militärdiktatur in Griechenland, gegen die Okkupation der Tschechoslowakei, und die Vielzahl desorientierter Mitläufer nahmen sich aus Marcuses Lehre, was ihrem Einzel- oder Gruppenbedürfnis entsprach: viel ›Große Weigerung‹ und ein Stückchen ›Befriedetes Dasein‹ – oder umgekehrt. Oft dienten Marcusesche Zutaten nur als Beiwerk dem Mitgebrachten, je nachdem ob es christlicher oder bürgerlich-antiautoritärer, sozialistischer oder pazifistischer, gruppendynamischer oder individuell ichbezogener Natur war.«[52]
Oder: »Meine Kriechspur zeichnete eine Gesellschaft, an deren Rändern sich Gruppen verzweifelt extrem zu verhalten begannen: resignativ oder euphorisch. Täglichen Ausbrüchen in die Utopie entsprachen Rückfälle in melancholische Klausur. Diesen Fluchtpunkten versuchte ich jene Spannung abzugewinnen, die den Menschen auferlegt zu sein scheint und – wider besseres Wissen – oft schicksalhaft genannt wird; Saturn heißt ihre antike Gottheit.«[53]
Schließlich: »Eine Schnulze behauptete einst: ›Wir sind auf der Welt, um glücklich zu sein . . .‹ Solch tirilierende Sopranstimme wurde und wird gern gehört. Überall dort, wo sich Utopien als System verwirklicht haben – sei es von Staats wegen in der Sowjetunion, sei es im Werbefernsehen der USA – wird Glücklichsein entweder auf Beschluß des Zentralkomitees befohlen oder als Konsumentenglück suggeriert. Das Happiness-Gebot im ›American way of life‹ und das ›Say-cheese-Lächeln‹ amerikanischer Glücksvorstellung sind nichts anderes als die verkrampfte Umkehrung puritanischer Sünde- und Verdammnis-Ideologie samt deren melancholischer Verdüsterung. Andererseits hat sich die Utopie Kommunismus dort, wo sie Wirklichkeit zu werden begann und Macht auszuüben lernte, unter den Zwang ihrer eigenen Glücksvorstellungen begeben.«[54]

Entsteht vielleicht die optische Täuschung, hier würde auf skeptische Weise doch der Utopie gehuldigt? Sicherlich ist

[52] Grass, a.a.O., S. 362
[53] Ebda., S. 341
[54] Ebd., S. 356

Grass selbst dieser Täuschung erlegen, zumal das Barock seiner Sprache vor ihm selbst verdeckt, was er nun eigentlich denkt: Melancholie oder Utopie? Beides zusammen? Er denkt im männlichen Baß und Ernst zunächst wohl nur »Nu ma langsam mit die jungen Pferde«, und diese für das praktische Alltagsleben sehr wichtige Maxime wird allegorisch ausgeschmückt mit dem heraldisch strotzenden, aber dialektisch in diesem Fall sehr wenig hergebenden Begriffspaar »Melancholie« und »Utopie«.

Die eigentliche Methode des wahren Utopikers aber, nämlich die Tendenz zur esoterischen Abstraktion des Stoffs, kann gar nicht erst aufkommen. Vielmehr wird der umgekehrte Weg gewählt: Jede Idee, jede denkbare Abstraktion wird beharrlich auf den scheinbar dazugehörenden Stoff heruntergebracht. Wäre es die jeweils wirkliche »Basis«, die damit genannt würde, dann ließe sich Grass' Verfahren als eine Art naiver, aber instinktsicherer poetischer Materialismus verteidigen, der den »Idealismus« der Utopiker blamiert. Nur: So ist es nicht. Vielmehr nagelt Grass – die zitierten Versionen seines Utopiebegriffs zeigen das – vermeintliche utopische Vorstellungen am Klischee ihrer Gegenbilder fest.

Melancholie muß ein Reflexionsprozeß sein

Das ist deshalb interessant, weil Grass die Idee einer Zuordnung von Melancholie und Utopie der schon zitierten Studie *Melancholie und Gesellschaft* von Wolf Lepenies entnommen hat (auch das Motiv von Dürers »Melencolia I«), aber das dort im systematischen Kontext Angebotene für seine eigenen Zwecke zu Bildern vereinfachte, wodurch – wie häufig bei ihm – Theoretisches bis zur Verballhornung entstellt wird. Dabei wird Lepenies' geistesgeschichtlicher Befund über das Verhältnis von »Melancholie« und »Utopie« auf den Kopf gestellt.

Es ist bisher schon mehrfach auf die hermeneutische Möglichkeit utopischen Sprechens, das heißt auf ihre methodische Funktion beim Denkprozeß, hingewiesen worden. Diese systematische Feststellung wird nun gerade auch historisch durch das bestätigt, was Lepenies am Beispiel des ersten englischen Utopikers Robert Burton entwickelt. Verkürzt ausgedrückt heißt das: Utopisches Denken entsteht aus melancholischer Handlungshemmung. Diese ist definiert als ein Reflexionsprozeß, als ein Denkzwang angesichts des melancholisch vermittelten und deshalb zu verändernden Weltzustands.[55]

Dieser geistesgeschichtlich belegte, instrumentale Charakter utopischen Verhaltens wird aber von Grass übersehen, bzw. er überführt ihn in eine bloß psychologische Stimmung, hierin ähnlich Herburgers schönem Gefühl. Dadurch verliert aber die Melancholie ihren utopischen Stellenwert im Prozeß antizipierender Anstrengung und verkommt zu einem sentimentalen, saison- und altersbedingten Gemütszustand: Flucht in den Stoff ohne denkerische Nutzanwendung für unsere Situation. Melancholie im diskutierbaren Sinne, nämlich als Ferment der Utopie, zeigen dagegen die theoretischen Arbeiten von Lars Gustafsson, zeigt auch die Lyrik von Nicolas Born. Die von Grass berufene Melancholie ist ohne den beanspruchten dialektischen Wert.

Eine solche Rückverwandlung der potentiellen Utopie in bloß historische Makulatur ohne historische Reflexion, in das überall und immer abberufbare Argument, es habe sich ja gezeigt, daß . . ., ist wahrscheinlich ein notwendiger Reflex des realistischen Künstlers. Der realistische Künstler versteht – wie andere Beispiele zeigen könnten – die Möglichkeiten des Realismus inzwischen nur noch in der perspektivelosen Rechtfertigung von Milieuszenen. Diese Behauptung ist also nicht nur eine kritische Zensur an der literarischen Entwicklung von Günter Grass, sondern ein Hinweis auf die notwendigerweise tautologische Begrenzung eines jeden Verfahrens, das auf diese Art meint, die Realität gegen Utopie ausspielen zu können. Es gibt inzwischen eine Art von Realismus, die zur Realität nur noch ein buhlendes, ein vertrauensseliges, ein nicht mehr mit dem scharfen Blick begabtes Verhältnis hat. Grass hat mit dieser Art Realismus die Utopie in Zweifel gezogen und viele seiner Leser werden einverstanden sein. Es ist verständlich. Aber es ist ebenso ein leicht nachweisbarer Irrtum zu glauben, diese Art Realismus habe etwas mit dem Wirklichen zu tun, wie wir uns auch verständigen wollten, was das genau ist. Mit dem »Wirklichen« zu tun hat jedenfalls sein scheinbares Gegenteil, die Utopie, von der hier die Rede ist. Vor dem Hintergrund dessen, wie Grass das Utopische zu relativieren versucht und deshalb selbst nicht faßt, ist der Versuch der schon genannten Martin Walser und H. M. Enzensberger zu bestimmen.

[55] Vgl. Wolf Lepenies, a.a.O., S. 30f. u. S. 193 ff.

Die Vergangenheit in die Zukunft legen

Ausgerechnet ist Martin Walser, der andere Realist, neuerdings ein Kronzeuge für utopische Reflexion. In seinem wenig beachteten Roman *Die Gallistl'sche Krankheit*, an deren Ende wir die Hoffnung auf eine sozialistische Brüderlichkeit lesen, die aus politischen Wahrscheinlichkeitsrechnungen allerdings herausgehalten bleibt. Walsers Utopie wird im Titel des letzten Kapitels »Es wird einmal« einfach angekündigt. Walser hat die Vergangenheit des Märchens in die Zukunft verlegt. Man könnte auf den Gedanken kommen, hier habe es sich einer ganz leicht gemacht, hier habe einer vor der letzten Platitüde nicht mehr ausweichen können, was ihm die Kritik vorschnell bescheinigt hat. In Wahrheit aber liegt etwas anderes vor. An Walsers Buch nämlich läßt sich zeigen, wie die schiere Notwendigkeit des Utopischen zwingend aus der Analyse der Jetztzeit springt, was offensichtlich den meisten Rezensenten die Sprache verschlagen hat; und als sie ihnen wiederkam, da gaben sie sich wie gehabt konventionell: lobten das Literarische und zogen die Augenbrauen hoch beim Utopischen, das sie als undurchdachte Politik mißverstanden. Wie angedeutet, heißt Utopie hier im Gegensatz zu den Formen des utopischen Erwartungshorizonts zwar, daß der Utopiker Walser sich inhaltlich festlegt, aber diese inhaltliche Festlegung als »plötzliche« Eingebung vollzieht. Man hat diesen plötzlichen Vollzug als uneinsehbar, als nicht vorbereitet, als einen Deus ex machina kritisiert, ohne zu bedenken, daß gerade dieser »plötzliche« Akt erst den utopischen nach sich zieht: Es entspricht der Struktur utopischen Sprechens, daß in ihm »eine Vereinigung mit dem Jetzt«[56] vollzogen wird. Man hat offensichtlich den utopischen Charakter des vierten Teils »Es wird einmal« unterschlagen, übersehen, um den politischen besser erledigen zu können.

Lars Gustafsson hat das bei Walser auftauchende Problem als ein theoretisches sehr genau beschrieben:

»Im Unterschied zu den Intellektuellen der späten Französischen Revolution ist de Sade imstande, mit einer Anstrengung der Phantasie Ideen von einer *totalen* Veränderung der menschlichen Lebensbedin-

---

[56] Karl Mannheim a.a.O., S. 189

gungen zu formulieren. Der ironische Kontrast zwischen den Vorschlägen in seinem Pamphlet und dem aktuellen Programm der Revolution sowie ihren Ergebnissen ist – *in nuce* – der Unterschied zwischen Revolution und Utopie. Während das Problem, eine Revolution zu verwirklichen, eher eine Frage soziologischer, anthropologischer und militärstrategischer Natur, kurz, eine technische Frage ist und also im Rahmen der zur Verfügung stehenden technischen Möglichkeiten lösbar, ist das Problem, eine Utopie zu verwirklichen, mehr den Bedingungen künstlerischen Schaffens verwandt: aus Erfahrungen, die gemacht worden sind, Erfahrungen zu schaffen, die nicht gemacht worden sind.«[57]

Man könnte sagen, daß Walser durch die künstlerische Form seines utopischen Sprechens das politische Ziel – nennen wir es einmal DKP – zurückverwandelt hat in die Utopie. Gustafsson akzentuierte bei seiner Diskussion des Utopiebegriffs einen Gedanken, den der in unserem Zusammenhang schon häufig in Anspruch genommene Karl Mannheim schon früher untersucht hat: Es gibt die konkrete, die politische Utopie des Liberalismus und des Sozialismus, die den utopischen Zustand in die Zukunft verlegt, und es gibt die chiliastische Utopie, die ihre Verwirklichung als etwas direkt Bevorstehendes glaubt; »Der Zeitpunkt ist jetzt – *genau jetzt.*«[58]

Das Wort »Plötzlich«

In Gustafssons im Anfang zitierten Reflexionen *Herr Gustafsson persönlich* taucht das Wort »plötzlich« mehrfach auf. Es lohnt sich, über die nicht zufällige Aktualisierung dieses Wortes nachzudenken im Zusammenhang der wiederholten Erörterung des chiliastischen Motivs. Wenn Gustafsson sagt: Der Zeitpunkt sei jetzt, genau jetzt, dann spricht er den Zeitraum einer ursprünglich religiösen, später säkularisierten Epiphanie an. Diese steht unter der adverbialen oder ontologischen Bestimmung des »Plötzlichen«.

Es ist sinnvoll diese besondere Erscheinungsform der Zeit näher zu betrachten, um Walsers eigentümliches Verfahren innerhalb eines größeren, systematischen Kontextes verstehen zu können. Bevor man sich aber des schon angedeuteten geistesgeschichtlichen Kontextes vergewissert, sollte man sich an eine unserem alltäglichen Wahrnehmungsvermögen und unse-

---

[57] Lars Gustafsson, *Utopien*. Essays. München 1970. S. 99f.
[58] Ebda., S. 102

rer alltäglichen Wahrnehmungsbedingung strukturell eigentümliche Eigenart erinnern: Wir denken uns ein besonderes, lang erwartetes oder auch nur überraschendes Ereignis immer als ein »plötzlich« eintretendes. Plötzlichkeit ist die Anschauungskategorie, mit der wir das Neue, das Erhoffte, das »ganz andere« denken. Die Plötzlichkeit stellt erst jene punktuelle zeitliche Qualität her, wodurch der Umschlag des Seienden in das Noch-Nicht-Seiende, das sich nicht allmählich in der Zeit einstellt, erst denkbar wird. Dieser Umstand ließe sich sogar als Argument gegen die Wahrscheinlichkeit des »Plötzlichen« anführen, denn was sich nicht in der Zeit entwickelt, kann gar nicht in der realen Zeit enthalten sein.

Es ist eine irrationale Abstraktion vom Notwendigen, weshalb der plötzliche Umschlag von Seiendem in ein Nicht-Seiendes von marxistischer Seite denn auch als eine anarchistische Anschauungskategorie verbannt worden ist. In unserer Vorstellung aber bleibt es trotzdem eine Möglichkeit. Die Plötzlichkeit ist nämlich das theatralisierte Jetzt, zu dem Vergangenheit und Zukunft zusammenfließen. Sie ist die Katastrophe in der Tragödie, die Entdeckung in der Komödie. Plötzlichkeit ist also ein apriorisch gegebenes Strukturmerkmal der qualifiziert vorgestellten Zeit, sowohl psychologisch unserem Sinnenapparat angelegt, als auch kulturell vermittelt.

Welche besondere historische Bewandtnis es mit diesem Wort hat, zeigt ein Blick auf seinen sprachlich-stilistischen Anwendungsbereich. Wir schreiben, denken oder lesen: Plötzlich brach Feuer aus. Plötzlich kam der Regen und löschte das Feuer. Plötzlich stieg Camille Desmoulins auf einen Stuhl und rief zum Sturm auf die Bastille. Plötzlich erschien der Geist Gottes über den Wassern. Plötzlich kam die Taube zurück mit einem Blatt im Schnabel. Plötzlich kam über Rousseau die Inspiration bei der Frage, ob die Wissenschaften und Künste die Sitten veredelten. Plötzlich brach die Sonne durch über Austerlitz. Plötzlich trat der Tod ein. Wenn ich plötzlich höre, denke, lese, sage, dann habe ich jenen berühmten Punkt, mit dem die Welt aus den Angeln zu heben ist. Dieser Punkt unterbricht die antizipierbare Linie, zieht die rationalisierte Zeit zu einem einzigen energetischen Augenblick zusammen.

Die Plötzlichkeit, das ist ihr äußerster, extremster Fall, ist die Zeitform apokalyptischen Sprechens. Sie entspricht dem »Da« der Offenbarung des Johannes und der prophetischen Bücher.

In der literarischen Folgezeit spielt dieses »Da«, mit dem Wort »plötzlich« wechselnd, vor allem in den geschichtsprophetischen Texten der Frühromantik eine besondere Rolle. Bei Novalis und Görres enthalten beide Wörter an den Stellen, wo das apokalyptische, eine neue Zeitphase einleitende Ereignis stattfindet, eine besondere Zeichenfunktion. Das »Da« der Offenbarung wird zum »Plötzlich« eines schon säkularisierten Inhalts bis hin zur romantischen Geschichte, zum Abenteuer, zum Kriminalroman, wo das unvorhergesehene Ereignis nicht mehr den Umschlag des Seienden in ein Noch-Nicht-Seiendes ankündigt, sondern nur den subjektiven Erwartungsmechanismus unserer Nerven befriedigt. Das »Plötzlich« einer solchen Erwartung unterscheidet sich nämlich vom »Da« der geoffenbarten und prophetischen Setzung dadurch, daß es die Umstände des Vorgangs, nicht den Vorgang selbst betont. Auf diese Weise entgeht der Leser dem Schwierigsten, das mit dem eschatologischen »Jetzt«, »Da« oder »Plötzlich« aufgegeben war, nämlich sich um die tiefere Bedeutung des Ereignisses kümmern zu müssen. Das Ereignishafte selbst, das eine gewisse Monotonie des Gewohnten auflockert, genügt.

Der Utopiker Ernst Bloch hat den Detektiv-Roman »flach« genannt[59] und offenbar speziell die Technik gemeint, die durch E. A. Poe der Gattung vermacht worden ist. Bloch zielte mit diesem Verdikt auf die Lesesituation, die wir alle kennen: »Im bequemen Sessel, unter der abendlichen Stehlampe, mit Tee, Rum und Tabak, persönlich gut gesichert und ruhevoll in gefährliche Dinge vertieft, die flach sind.« Gefährliche Dinge, die flach sind – das könnte auch die Formel für das Ende sein, an dem die Plötzlichkeitserwartung des übermüdeten und auf nichts ganz mehr konzentrierten Arbeitnehmers angelangt ist. Es ist ernsthaft die Frage zu beantworten, ob und inwiefern der moderne Mensch, nicht mehr Produzent sondern Konsument, die Illusion des Ereignisses eben nur noch in dessen Charakter von »Plötzlichkeit« sucht. Martin Walsers prä-utopisches Ich fleht sarkastisch, daß es doch an diesem Fernsehabend kein Dokumentarstück sein möge, sondern was Spannendes bitte. Muß man also nicht mit einer »utopischen« Konsequenz rechnen, die entstanden ist aus solcher Handlungsunfähigkeit

---

[59] Ernst Bloch, *Philosophische Ansicht des Detektiv-Romans.* In: Werke Bd. 9. Frankfurt 1965, S. 242

und medienvermittelndem Leerlauf und die also eher dem psychiatrischen Bereich der Nervenschwäche zuzurechnen ist, als der hier allein relevanten Idee utopischer Vorwegnahme? Zweifellos ist, dies ein Teil unseres vorläufigen Fazits, daß sich die literarische Utopie kaum in fest bestimmten Inhalten ausdrückt, sondern in Haltungen von eher unbestimmter Erwartung. Eine solche Zurücknahme des objektiven, utopischen Motivs in die reine Subjektivität enthält die Gefahr, daß sich die formale Erwartungsstruktur des »Plötzlich« oder des »Da« inhaltlich nur noch als Thriller darstellt und es keines neuen Edgar Allen Poe bedürfte, um das Rätsel der plötzlichen Umstände rational aufzulösen. Deshalb wird man bei der gegenwärtigen literarischen Utopie darauf achten müssen, ob das problematische Verhältnis von Subjektivität und Objektivität reflektiv mitvollzogen worden ist, wo immer das »Plötzliche« in einem utopischen Kontext als Argument auftaucht. Der Akt der reinen Setzung, das dezisionistische Prinzip, das utopischem Sprechen innewohnt, muß zugegeben werden. Es kann sich als intellektuelles Instrument, als emotionelle Kraft, nur dann halten, wenn es gegenüber Vertretern des Objektiven die eigene Subjektivität als Erkenntnismittel und Kriterium von Antizipation ausspielt, hinweisend darauf, daß die entweder von orthodox-marxistischer oder aufgeklärt-technokratischer Seite her angebotene Futurologie den utopischen Ansatz nach wie vor nicht erledigt hat.

Keine Lust mehr an der Ironie

Die »Plötzlichkeit« ist bei Walser vorbereitet, wenn man diese Vorbereitung, vollzogen in den ersten drei Teilen seines Romans, nicht stilistisch und psychologisch verwechselt mit dem, was der Leser bisher von Walser kennt. Walser, der so amüsant realistische, mit allen Empfindungswässerchen gewaschene Psychologe, der nur mit Hilfe von ironischem Skeptizismus ein Wort hinter das andere setzende Walser, will schon in diesen Teilen schreiend auf Utopie hinaus, und zwar auf keine literarische, sondern eine tatsächliche. Der im vierten Teil vollzogene Schritt war vorbereitet vor zwei Jahren, als er die eher noch literarische, durch Medien beeinträchtigte Utopie der »Neuen Sinnlichkeit« in seinem Aufsatz *Über die neueste Stimmung im Westen* ironisierte. Was sich damals aber wirklich anbahnte, ist im nachhinein klar:

»Wenn du leben kannst vom Verkauf deiner abenteuerlichen Selbstbeobachtungen oder persönlichen Spracherlebnisse, hast du keine spürbare gesellschaftliche Funktionen mehr.« Und: »Die Verfremdung ist wahrscheinlich schon aus dem Ekel vor der immer prunkvolleren Selbstgenügsamkeit und Selbstsucht der Ironie entstanden. Was Brecht vom Nobelpreisträger Thomas Mann hielt und schrieb, zeigt den Umschwung an. Der Ironie-Brokat des großbürgerlichen Großschriftsellers war endgültig als schäbig erkennbar geworden.«[60]

Walser hat von diesem Ironie-Brokat nur noch Fetzen übrig gefunden. Was manche aber vorschnell als Cliquenpsychologie und Intellektuellen-Neurose (sie ist beides auch) beiseite schieben wollen, um ja wieder schnell zu erquicklicheren Sachen zu kommen, ist in Wahrheit eine entsetzliche, grauenhaft wahre Analyse der Langeweile mittelständischer Gesellschaft. Das alte Walser-Thema gewann, wurde nunmehr aber ohne ablenkende erzählerische Solos mitleidslos zu Ende gebracht: Eine banale Atmosphäre zwischen totaler Konkurrenz und extremer Monomanie ohne menschliche Solidarität. Exzesse oder Introversion. Die spezifischen Verformungen dieser Individuen ohne Zukunft sind nur Ausdruck eines allgemeineren Zustands, den Walser in dem ihm Bekannten und Naheliegenden aufsucht.

Zustandsbeschreibung: »Ich sitze und werde müder, immer der gleiche sanfte Schmerz. Und überall. Ich lasse meinen Kopf auf die Tischplatte sinken. Am meisten fürchte ich dann das Telephon. Ich lasse praktisch nur noch den Krimi gelten. Wenn ich fest angestellt wäre, wäre ich wahrscheinlich auch für Kunst. Abteilungsleiter beim Funk, und dann Lyrik, das ist sicher der Gipfel. Ich habe mich jahrelang abgearbeitet. Auch nicht gerade ehrlich. Jetzt leg ich mich übern Ladentisch auf die Zeitungen. Da lieg ich gut. Und träume. So ein Kiosk ist doch was Schönes. Wenn ich ihn bloß schon hätte. Ich will nichts mehr arbeiten. Nur noch verkaufen. Nur noch an Passanten. Nur noch für kleinste Beträge. Also ein Auto möchte ich nicht verkaufen.«[61]
Perspektive: »Im Mittelstand herrscht wirklich noch Konkurrenz, da kämpft man noch ums Überleben. Andererseits ist der Mittelstand der einzige Bereich dieser Gesellschaft, in dem Lyrik noch möglich ist. Im Proletariat braucht man Epik oder Dramatik. Die Kapitalisten sind

[60] Kursbuch 20, S. 21 f.
[61] Martin Walser, *Die Gallistel'sche Krankheit,* a.a.O., S. 13

vorwiegend der Musik und den Bildern ergeben. Ich bin gegen eine ästhetische Fassung meines Kampfes. Vielleicht kommt das daher, daß mein Überlebenskampf schon die ganze Kraft kostet, also bleibt keine für eine Fassung.«[62]

Kommunikation: »Alle, die ich jetzt kenne, kenne ich schon zu gut. Zweifellos kennen auch sie mich schon zu gut. Soll ich abbrechen? Was mich mit meinen Bekannten, bzw. Freunden, verbindet, ist eine Serie von Stillhalte-Abkommen. Wir haben uns, ohne je darüber zu sprechen, darauf geeinigt, einander nur das zu sagen, was nicht zum sofortigen Bruch führt. Ich werde nie erfahren, was sie mir verschweigen müssen, um mit mir umgehen zu können. Manchmal gleißt durch unsere freundlichen Rüstungen plötzlich die wirkliche Feindseligkeit. Man muß dann schnell die Augen zumachen. Nur Gleichgültigkeit kann uns auf die Dauer zusammenhalten. Liebte man einen Freund hielte man's nicht für immer aus, ihm das zu verschweigen, was ihn oft unerträglich macht.«

Erwartung: »Wenn heute nichts im Fernsehen kommt! mein Gott, das wäre wohl eine Katastrophe. Wenn nichts Spannendes kommt heute, wenn heute kein Krimi kommt, in Farbe und mit Weibern, und nicht bloß so eine Folge aus einer Serie. Eine ausführliche Handlung, bitte. Genau gebaut. Mitreißend, Treppauf, treppab. Und Autofahrten. Wenn heute nichts dergleichen kommt. Ich darf gar nicht daran denken. Zum Beispiel, es käme lediglich ein Film über die schlechten Aussichten der Fünfzigjährigen auf dem Arbeitsmarkt. Ein Dokumentarfilm, mein Gott, das wär schrecklich . . . Sonst weiß ich einfach nicht mehr, wie weiter. Ich habe ohnehin das Gefühl, daß heute abend ein Toter in unserer Wohnung liegen wird. Eine Tote. Schmal und gerade, Hände neben dem Körper. Wir werden sie in das kleine Zimmer gleich neben der Glastür legen. Gut. Aber wenn dann nichts im Fernsehen kommt. Mein Gott. Ich weiß wirklich nicht, was dann werden soll. Lieber Gott, ich bitte dich, erhöre mein Gebet, gib, daß heute was im Fernsehen kommt, was Spannendes, bitte.«[63]

Nicht mehr das grauenhafte Beweismittel der Natur

Und die Gegen-Utopie. Sie ist zwar plötzlich da. Sie kann gar nicht anders eingeführt werden als eine plötzliche. Aber vorbereitet wird sie Zug um Zug als notwendig, wünschenswert, unverzichtbar. Sozusagen gerettet aus einer Schreckenswelt, in der Walser im Gegensatz zu Thomas Bernhard (dessen Name nicht genannt wird) sich nicht einrichten will: »Und in Schrecken der beliebten Art und die anheimelnde Grauenhaftigkeit

[62] Ebda., S. 13
[63] Ebda., S. 26 u. S. 80ff.

mag ich meine Angst und Klemme nicht mehr verwandeln. Ich will nicht herumröhren mit einem Kopfschuß und den fürchterlichen Förster, Fürsten und Filibustier spielen . . .« Dagegen hat er »eine Vorstellung von einer besseren Welt:«[64] Voraussetzung dazu ist, die »gräßliche Bescherung sichtbar zu machen«, wie Born es einmal sagt, oder sie wenigstens zu sehen. Walser hat das in diesem Buch getan. Aber er möchte diese Einblicke nicht wie Bernhard »als grauenhaftes Beweismittel der Natur« akzeptieren, und eben diese Art von Folgerichtigkeit macht die intellektuelle Bedeutung seines utopischen Endes aus: Denn es gibt hier keine Möglichkeit mehr zur »realistischen« Beilegung der Widersprüche noch zu ihrer Metaphorisierung.

Die zwar unausgesprochene, vielleicht sogar unbewußte, aber eindeutig greifbare Polarität zu Thomas Bernhard ist ein wichtiger Aspekt, um Walsers utopische Idylle adäquat zu verstehen. Man erinnere sich daran, welche Rolle das Motiv des äußeren und inneren Terrors in der literarischen Moderne gespielt hat. Bernhard ist neben Peter Weiss der repräsentative deutschsprachige Erbe dieser Tradition. Da er formal weniger experimentell vorgeht und nicht bewußt die Terror-Elemente der Modernen (etwa des Surrealismus) zitiert, sondern von Veröffentlichung zu Veröffentlichung autochthon originell operiert, konnte sein monomaner Pessimismus inzwischen schon unter die Reihe der repräsentativen Ich-Literatur klassifiziert werden, was wiederum die linke Kritik gegen Bernhard herausgefordert hat.[65] Walsers Entscheidung wird wichtiger, wenn man sieht, daß die gegenaufklärerische Welt des Bernhard'schen Innenterrors ebenso stilisiert, »unwahrscheinlich« und »realitätsfern« ist, wie Walsers aufklärerische Reduktion der sozialen Szene auf die Idylle. Bernhard schreibt ununterbrochen an einer negativen Idylle; er setzt die Tradition der allgemeineren negativen Idylle fort, die das symptomatische Selbstverständnis des bürgerlichen Intellektuellen enthält: Das Chaos ist geordnet, die Hoffnungslosigkeit entgültig monotonisiert, der lädierte Zustand allegorisch und die Weltaußenwelt überhaupt auf solche auch in sozialer Hinsicht archaischen bzw. sozial verspätete Innen- oder Separaträume gebracht, daß der

[64] Ebda., S. 86 f.
[65] Vgl. die Diskussion anläßlich seines Romans *Das Kalkwerk* in »Konkret«

»entfremdete« Leser hier seinen endgültigen Frieden im Defaitismus finden kann.

Man könnte diese negative Idylle, dieses Schauermärchen auch eine konsequente Form von regressiver Utopie nennen: Es ist ja nicht wahr, daß Bernhard nur deshalb ein bedeutender Schriftsteller ist, weil er den viel berufenen und allmählich wenig sagenden »entfremdeten« Zustand dokumentiere, also wider Willen aufklärerische Arbeit leiste – ein Argument, mit dem man sich über die »reaktionären« Elemente des Bernhardschen Werkes hinweghelfen will. Dagegen ist die Vermutung berechtigt, daß hier einer suggestiv wirkt in der Nachfolge großer dekadenter Künstler. Es ist nur weiter zu fragen, ob diese negative, masochistische Suggestion nicht auf einen Punkt stößt, von wo aus die »pessimistische« Bestätigung keine Impulse mehr hernehmen kann, sondern von wo aus die Hoffnung auf das Gegenteil des von Bernhard in der Sprache Inszenierten entspringt. Die Stilisierung des totalen Zustands ohne Zukunft dürfte nämlich nur von einem unaufmerksamen oder in Klischees denkenden Leser verabeitet werden, so daß daraus, positiv oder negativ gewertet, eine Ideologie entstehen kann. Läßt man sich hingegen auf Bernhards Sprache konstruktiv ein, dann wird man merken, inwiefern das von Bernhard induktiv Gewonnene schlecht paßt als Beleg für diese oder jene Weltanschauung, so sehr man es auch dafür bisher mißbraucht hat. Dieser Mißbrauch kommt daher, daß man eine Prosa, die ständig in Bewegung ist, künstlich zum Stillstand bringt und dadurch unproduktiv macht. Aber Bernhards Sprache ist psychologisch so produktiv, daß sie sich an der von ihr selbst hergerichteten Grenze stößt: Der produktive Leser wird von hier aus über die Grenze verwiesen und reagiert »utopisch«.

Hat man den Zusammenhang von negativer und positiver Utopie durchdacht, dann hat Walsers Verfahren nichts Unzulässiges mehr. Es ist nur überraschend und herausfordernd, weil der Literaturgeübte sich seit langem im Schrecken einzurichten gelernt hat, weil der Schrecken ein guter Bekannter ist, ein Topos unserer literarisch vermittelten Welterklärung. Walser unterbricht diese literarische Erwartung nur und kehrt sie in ihr Gegenteil um, weil er hier erstmalig nicht mehr literarisch denkt, sondern einfach nur denkt.

Inwiefern diese idyllische Konsequenz, dieses sozialistische Märchen, alles andere als harmlos ist, zeigen auch die Reaktionen. Für die meisten Leser wirkt offensichtlich der Himmel, den Walser anbietet, provokanter als die Hölle, die Bernhard vorzieht. Hölle ist etwas für Erwachsene, Himmel etwas für Kinder. Walser weiß das und deshalb gab er seiner Utopie den Namen: »Es wird einmal«.

Der anthropologische Rückzug

Was wird einmal; Das kann Walser nicht wissen. Er hofft, daß werden könnte, was werden müßte. Wenn er dieser seiner neuen Perspektive das rührende Du zwischen Nazarenern gegeben hat, so deshalb, weil offensichtlich die Gegensätze versöhnende[66] Idylle nach all den Zusammenbrüchen die einzige, letzte Utopie der Jetztzeit ist. Es ist keine Antizipation konkreten Inhalts. Nicht aber den Utopikern ist diese vage Sehnsucht als »irreal« vorzuwerfen. Irreal ist der »Realist« geworden, der kein richtiges Wort mehr über die Realität findet. Die Utopiker waren häufig Satiriker. Walser, der satirische Erzähler, konnte nur deshalb eine utopische Erfahrung machen. Was immer er heute privat davon halten mag, es ist völlig gleichgültig für unsere Frage. Wie sieht die utopische Erfahrung en detail aus? So wie die Zerstörungsprozesse des Individuums als psychosomatische Zerstörung geschildert werden, der Konflikt mit einer Außenwelt gar nicht mehr ins Bild kommt, sondern nur noch als deren Reflex, so wird die radikale Umkehrung dieser Zerstörung im utopischen Märchen »Es wird einmal« ebenfalls psychisch erfahren. Es geht hier ja nicht um DKP-Programme bzw. diesen oder jenen Stand innermarxistischer Diskussionen. Das alles wird aufgehoben in der Idylle ersehnter zwischenmenschlicher Kommunikation.

Diese Entfernung von der ökonomischen und der politischen Frage hin zu einem Erlebnis von Sympathie und Solidarität ist auch theoretisch konsequent, denn nur so kann das klassenspezifische bürgerliche Entfremdungserlebnis authentisch und unaufgesetzt formuliert werden. Aber darf man das so sagen, darf man überhaupt diese abgegriffenen Wörter anführen? Was Walser will, das geschehen soll, ist dies:

---

[66] Erstmalig ausgebildet und dem ganzen späteren Chiliasmus mitgeteilt wurde diese Vorstellung von der jüdischen Prophetie des Jesaja; vgl. hierzu: Alfred Doren, a.a.O., S. 170f.

»Ich bin stolz. Ich bin durchdrungen. Auch wenn ich aufschreie, heißt das noch nichts. Ich komme schon wieder zu mir. Dann geht es weiter. Das sehe ich doch ganz klar. Ich habe das Glück, der Zukunft zu dienen. Ohne Verachtung. Die Wolke hält nicht überm Haus. Der Hahn kräht auf der Platte. Aber mit großer Folgerichtigkeit geht die Tür auf. Der hereinkommt, ist kein anderer als der, der jetzt hereinkommen muß: Pankraz Pudenz. Das Schönste in der Welt ist das Erlebnis einer solchen Notwendigkeit. Jetzt hebt er die Hand, streckt sie mir entgegen, ich greife zu, es kommt zum Händedruck. Aber nicht, daß jetzt die Entwicklung der Menschheit still stünde. Es geht ununterbrechbar weiter. Herrlich. Schon hat Pankraz Guten Tag gesagt. Und ich, nicht faul, habe gesagt: Wie geht's. Ach ja, doch, sagt er, doch, es geht. Wunderbar, wie wir vorwärtskommen. Bei seinem Eintritt hatte von Anfang an das Buch, das er in der linken Hand hielt, den größten Einfluß. Senkrecht nach unten hing das Buch im Griff der Hand. Das war überhaupt der Witz dieses Eintritts. Nur deshalb diese Ausstrahlung von Notwendigkeit.«[67]

Das ist das plötzliche Ereignis. Ein ironischer Vorbehalt? Nein. Es ist die reflektierte Distanz, die der bürgerliche Intellektuelle zu etwas hat, das er für richtig, notwendig und glückbringend hält. Das ist die utopische Abstraktion, Antizipation, Explosion im Jetzt, die aktuelle Hypothese von »Glückseligkeit«. Es ist wie die subjektive Wissensgewißheit des Chiliasten, des Erleuchteten, nicht der marxistische Nachvollzug eines Naturgesetzes.

Auch hier also haben wir es mit einer Utopie zu tun, die, wie Sprache und Motive des untersuchten Erwartungshorizonts schon zeigten, die literarische Form der Idylle, des auf sinnlich-geistige Erfahrungen Abhebenden ausweist. Ideologisch ist das der anthropologische Rückgriff.[68]

Für diese anthropologische Argumentation derzeitiger literarischer Utopie liefert ein Buch weitere Argumente, das zunächst alles andere zu vermitteln scheint als ausgerechnet solche Topoi der Glückseligkeit: Hans Magnus Enzensbergers *Der kurze Sommer der Anarchie*, eine dokumentierte Fiktion – denn es ist durchaus eine Fiktion – über das Leben und Sterben des spanischen Anarchistenführers Buenaventura Durruti. Sieht man auf das, was in diesem Buch thematisiert wurde, eben das historisch endgültige Ende des spanischen Anarchismus,

---

[67] Walser, a.a.O., S. 95
[68] Vgl. zum linken Anthropologismus: Wolf Lepenies, *Soziologische Anthropologie. Materialien.* München 1971, S. 119f.

dann erscheint Enzensbergers Buch genau als die Umkehrung von Walsers »Es wird einmal« zum »Es war einmal«. Es ist Enzensberger von links die Frage gestellt worden, welche Bedeutung das Buch heute haben könne, welche politische Anweisungsfunktion darin stecken könne, worauf Enzensberger etwas ratlos prätentiös erwiderte, er meine einfach, daß diese Geschichte des Anarchisten Durruti noch einmal erzählenswert gewesen sei.[69] Warum? Wenn wir zu dieser etwas inhaltlich leeren Antwort hinzunehmen, daß Enzensberger im Text ausdrücklich einen politischen Kontext zwischen neoanarchistischen Studentengruppen und dem authentischen Anarchismus dementiert und dies nicht nur für den naheliegenden Fall von Baader/Meinhof etwa, sondern für jeden denkbaren – so daß er folgerichtig einen Zeugen als letzten Satz des Buches sagen läßt: »Man macht nicht zweimal dieselbe Revolution«[70], dann erscheint das Buch zunächst wie ein sehr nostalgischer Erinnerungsreiz, ohne einen unmittelbar einsehbaren oder verwendbaren politischen Sinn. Einfach ausgedrückt: Der Anarchismus hat keine Zukunft. Der Anarchismus ist Vergangenheit.

Warum aber hat dann Enzensberger ein ganzes Buch darüber verbracht, dessen Vorarbeit und Recherchen mühsam waren und dies gleich im Anschluß an das sehr wohl aktuell gemeinte Kuba-Buch *Das Verhör von Havanna?* Schließlich können ihn nicht neoromantische Motive geleitet haben wie einst Ricarda Huch, als sie 1923 über »Michael Bakunin« schrieb.

Es ist daran zu erinnern, daß unsere Frage nach der Utopie immer die Voraussetzung hatte, daß es eine Utopie nach der gescheiterten Revolution sei. Diese Voraussetzung gilt im Falle von Enzensbergers Durruti-Buch besonders, denn er ist von allen genannten Schriftstellern derjenige, der einen revolutionären Zustand literarisch am eindeutigsten betrieben und vielleicht zeitweise auch erwartet hat. (»Schaffen wir französische Zustände!«)

Inwiefern die Revolution als eine vorerst begrabene Hoffnung in der Enzensberger befreundeten Linken reflektiert wird, zeigt das Drama *Büchners Tod*, geschrieben von Gaston Salvatore, dem Gefährten Dutschkes aus Berliner Apo-Tagen. Ganz ähn-

[69] Inzwischen hat Hartmut Lange Einwände präzisiert, in »Konkret« vom 1. November 1972, S. 52f.
[70] H. M. Enzensberger, *Der kurze Sommer der Anarchie. Buenaventura Durrutis Leben und Tod.* Roman. Frankfurt 1972, S. 293

lich dem Ausgang der anarchistischen Hoffnungen in Spanien, den man ja von Anfang an bei der Durruti-Lektüre kennt, spiegelt sich hier die verlorene Revolution sogar auf zweifache Weise: Der Titel des Dramas spielt direkt auf Büchners melancholisches Revolutionsstück *Dantons Tod* an und setzt gleichzeitig das Ende von Büchners eigenem Leben bzw. der revolutionären Ideen, denen er glaubte in der Realität Vorschub leisten zu können, zum Beispiel mit dem *Hessischen Landboten*. Die Kritik, die hier der sterbende Büchner an seinen revolutionär gemeinten Schriften übt, ist Salvatores Kritik am literarisch-intellektuellen Radikalismus seiner eigenen vorangegangenen Jahre: »Nicht der Hessische Landbote, die geheimnistuerischen Versammlungen, die Schmähschriften gegen den Großherzog haben die Situation der Bauern verändert. Sie werden sie auch nicht verändern. Sondern die Arbeit eines Mannes, der in Gießen, ein paar Zimmer weit von uns entfernt, an der Entwicklung von künstlichen Düngemitteln gearbeitet hat.«[71]

Eine erstaunliche Einsicht. Damit soll offensichtlich die Kontinuität des eigentlich Objektiven und historisch Zwingenden ausgespielt werden gegen die Illusion voluntaristischer Verhaltungsweisen junger Intellektueller, die meinen, hier und jetzt per »literarischer« Revolution etwas zu erreichen. Nichtsdestotrotz endet diese »Selbstkritik« in einem utopischen Finale, das die Revolution zwar nicht mehr hier und jetzt, aber morgen als sicher erwartet: Einer der im Gefängnis sitzenden ehemaligen Studenten und Freunde Büchners – die zeitgenössische Parallele ist metaphorisch geradezu gequält gesucht – bohrt mit nicht nachlassender Monotonie einen Löffel in die Wand seiner Zelle und sagt: »Nach mir werden andere kommen. Und dann wieder andere. Und sie werden weiter bohren. Niemand von Euch wird merken, daß die Mauer stürzt.«[72] Mit diesem Schluß wird aber höchst naiv eben das wiederhergestellt, dem durch die oben zitierten Worte vom »Düngemittel« scheinbar der Abschied gegeben wurde: das deklamatorische Pathos, das keinerlei historische Vernunft enthält. Die Ansätze einer politischen Reflexion versanden so am Ende in einer fast privaten, gefälligen Romantik. Salvatore fragt nicht danach,

[71] Gaston Salvatore, *Büchners Tod*. Frankfurt 1972, S. 74
[72] Ebda., S. 85

wer denn die anderen sein sollen, die folgen werden, klärt auch nicht, wer diese Nachfolger denn in Deutschland gewesen sein könnten. Seine Utopie gerät ins vage Unverbindliche, gerade weil sie nicht zugegebenermaßen chiliastisch und hypothetisch bleibt.

Danach fragt durchaus Enzensberger innerhalb seines Modells. Obwohl er wie Salvatore seinen politischen Stoff literarisiert, so ist seine Antwort doch nicht gruppenintern-romantisch, sondern durchaus versuchsweise politisch. Der revolutionäre Impuls selbst, auf den der theoretisch weniger versierte Salvatore als politisches Motiv rekurriert, genügt nicht, wenn die soziologischen Determinanten nicht gleichzeitig ausfindig gemacht werden. So hat Enzensberger jedenfalls versucht, die spezifischen sozialen und psychologischen Bedingungen der spanischen dreißiger Jahre bloßzulegen, um das Phänomen Durruti als Unübertragbares zu rekonstruieren und damit gleichzeitig jenen dem Salvatore-Stück noch immer eigentümlichen Gestus »revolutionärer Ungeduld« zu widerlegen. Es sieht bei ihm – im Gegensatz zu Salvatore – danach aus, daß die Revolutionäre von gestern keine Nachfolger mehr finden.

Nachdem also feststeht, daß mit Enzensbergers Buch direkt nichts anzufangen ist für die apokryphen und offenen Klassenkämpfe des gegenwärtigen Zeitalters und die Polemik dagegen schon meint, hier werde nichts weiter als eine Heldenlegende erzählt ohne politischen Kontext, muß der hier erörterte Begriff der Utopie einiges klären: In der Tat verschwindet trotz Enzensbergers erklärenden Glossen, die historische Zusammenhänge herstellen, der spanische Bürgerkrieg, seine politischen und ideologischen Folgen, weitgehend hinter der Figur des Anarchisten Durruti, der keineswegs, wie der imprägnierte Klappentext meint, die »Schlüsselfigur der spanischen Revolution von 1936« gewesen ist, und zwar deshalb nicht, weil sich eine »spanische Revolution«, gemeint ist der Sieg der Anarcho-Syndikalisten von Barcelona zu Beginn der Militärrevolte, nicht aus dem Gesamtkomplex willkürlich isolieren läßt. In ihm spielen Politiker der linken Parteien, einige Minister der Republik, eine wichtigere, folgenreichere Rolle.

Enzensberger stilisierte in der Tat von Beginn an aus dem historischen Material eine mythologische Figur: die des proletarischen Helden. In sich wiederholenden und variierenden Passagen entsteht aus der zitierten Dokumentation ähnlich wie

56

in der klassischen Heldenbeschreibung ein sinnliches Inbild. Das beginnt bei der Rekonstruktion des italienischen Bakunisten Giuseppe Fanelli, der die anarchistische Idee 1868 nach Spanien brachte:

»Seine Stimme hatte einen metallischen Klang, und ihr Ausdruck paßte sich aufs genaueste dem an, was er zu sagen hatte. Er wechselte vom Tonfall des Zorns und der Drohung, wenn er von Tyrannen und Ausbeutern sprach, auf die Klangfarbe der Betrübnis, des Schmerzes und der Entmutigung über, wenn seine Rede sich den Leiden der Unterdrückten zuwandte.«[73]

Das bestätigt sich an der Person Durrutis selbst:

»Er war groß, kräftig gebaut, dunkelhaarig; sein Blick war starr und durchdringend, sein Auftreten bestimmt und ungezwungen. Bei aller Energie hatten seine Gesten etwas Kindliches. Er wirkte massig und muskulös. Er war sonnenverbrannt. Seine Hände waren groß und sehnig. Ein zutrauliches, gutmütiges Lächeln lag ständig auf seinen Lippen. Daß er sich so einfach und natürlich gab, das machte ihn auf den ersten Blick sympathisch. Seine Stimme war ernst und eindringlich. Sein Haar war gekräuselt und ganz schwarz, sein Mund groß und fleischig, die Brust wirkte gewaltig, die Gebärden ruhig, heiter und ausdrucksvoll. Sein Gang war eher langsam, aber so, als wäre er schwer aufzuhalten. Er machte den Eindruck eines typischen Sohnes der Hochebene von Kastilien.«[74]

Bevor Enzensberger sich überhaupt zu seiner Rekonstruktion entschied, lagen diese Regeln des politischen Mythos fest und Enzensberger hatte interessanterweise kein Interesse daran, sie zu entmythologisieren. Vielmehr spricht er selbst von der »Dramaturgie einer Heldenlegende«[75], die er selbst nur noch einmal aufzeichnet, die er in allen ihren Varianten ausfindig macht, selbst bis hin zu den theatralischen Reizen der erinnerungswürdigen Bühnenpaarung von Durruti und Francisco Ascaso, von »Kraft« und »Geist«.[76] Enzensberger begründet diese seine mythologisierende Manier politisch dadurch, daß er betont, wie die individuelle Existenz Durrutis »ganz und gar in einen gesellschaftlichen Charakter, dem des Helden, aufgegangen« sei.[77] Indem er sich selbst aber der in Spanien viru-

[73] Enzensberger a.a.O., S. 27
[74] Ebda., S. 237
[75] Ebda., S. 260
[76] Ebda., S. 85
[77] Ebda., S. 259

lenten Heldenlegende anschließt (sie wiederholt sich heute als ferner Abglanz im Interesse für die Figur des seit Jahren die Guardia Civil in Atem haltenden Banditen El Lute), stellt er die rückwärts gewandte Utopie her: die Utopie vom neuen Menschen, die Utopie der schönen Herausforderung durch den Subjektivisten angesichts des nötigenden Objektiven und Notwendigen: »Durruti war immer ein Rebell, schon lange, ehe er zum Anarchisten wurde.«[78] Das ist der im Zitat aufgesuchte Topos vom ewigen Erlöser, von Spartakus, der immer wieder kommen wird.

Wollte Enzensberger aber vielleicht doch nur die politische Wirksamkeit und Kraft solcher Mythologie erkennen und, indem er sie durchschaut, als unwiederbringbar erklären? Das wäre dann wirklich ein Akt endgültiger Enthaltsamkeit gewesen. Man könnte das beim Lesen der Personenbeschreibung vielleicht noch unterstellen. Zieht man jedoch den gesamten Kontext des wiedererzählten Anarchismus hinzu, dann zeigt sich, daß Enzensberger durch die Form seiner Montage, nämlich die einer esoterischen Konzentration auf etwas »Unerhörtes«, doch wohl darauf hinaus will, daß – was immer auch heute gelten mag und absehbar ist – einmal, und sei es nur für einen Sommer, die Utopie sich in Wirklichkeit verwandelt hat. Er zitiert aus einem Durruti-Interview:

»Wir haben seit jeher in Hütten und Löchern gewohnt. Wir werden uns auch noch eine Zeitlang darin einzurichten wissen. Aber vergessen Sie nicht, daß wir auch bauen können. Wir sind es nämlich, die all die Paläste und Städte gebaut haben, in Spanien, in Amerika und überall auf der Welt. Wir, die Arbeiter, können neue an ihre Stelle setzen. Neue und bessere. Wir fürchten die Trümmer nicht. Die Erde wird unser Erbe sein, daran gibt es nicht den geringsten Zweifel. Soll die Bourgeoisie ihre Welt in Stücke sprengen, bevor sie von der Bühne der Geschichte abtritt. Wir tragen eine neue Welt in uns, und diese Welt wächst mit jedem Augenblick heran. Sie wächst, während ich mit Ihnen rede.«[79]

An dieser Stelle ist an die im Zusammenhang des Walser-Textes erörterte »Plötzlichkeits«-Struktur utopischen Sprechens zu erinnern. Enzensberger akkumuliert in seiner Montage eben diesen Effekt der »Plötzlichkeit«, so als ob er innerhalb einer langen Linie nur auf einen Punkt abhebe. Dieses eigentümliche

---

[78] Ebda., S. 26
[79] Ebda., S. 173

Verfahren wird keineswegs dadurch beeinträchtigt, die die Aussagen der beiden Marxisten Michail Kol'cov und Il'ja Ehrenburg die anarchistische Position objektiv relativieren, ja sie als historisch überholt hinstellen: »Die Anarchisten standen früher abseits des Lebens; sie lebten den Mythen des vorigen Jahrhunderts und ihrer Kühnheit. Ich werde niemals den halbanalphabetischen Landarbeiter aus Fernán Núnez vergessen, der wiederholte: ›Warum streitet ihr über die Zweite und Dritte Internationale? Es gibt doch die Erste Internationale ...‹ Für ihn war der compañero Miguel Bakunin ein Zeitgenosse.«[80] Enzensberger stellt dagegen in seiner zweiten Glosse, betitelt »Über die Wurzeln des spanischen Anarchismus«, fest:

1. Die Ansichten der spanischen Bauern und Arbeiter der dreißiger Jahre den Fortschritt betreffend:

»Sie bewundern keineswegs die Leistungen und die Erfolge des englischen, deutschen und französischen Proletariats; sie weigern sich, ihnen auf diesem Weg zu folgen; sie haben die Zweckrationalität der kapitalistischen Entwicklung sowenig verinnerlicht wie ihren Warenfetischismus; sie wehren sich verzweifelt gegen ein System, das ihnen unmenschlich scheint, und gegen die Entfremdung, die es mit sich bringt. Sie hassen den Kapitalismus mit einem Haß, dessen ihre Genossen in Westeuropa nicht mehr fähig sind.«

2. Gegen die marxistische Kritik einwendend:

»Daraus folgt, was Spanien angeht, allerdings nicht, daß die Anarchisten bloße »Überreste der Vergangenheit« waren; wer ihre Bewegung archaisch nennt, macht sich an eben jenem Geschichtsschema fest, das hier in Frage steht. Die spanischen Revolutionäre waren keine Maschinenstürmer. Ihre Wünsche zielten nicht in die Vergangenheit, sondern in die Zukunft: eine andere, als der Kapitalismus für sie bereithielt; und in der kurzen Zeit ihres Triumphes haben sie ihre Fabriken nicht geschlossen, sondern ihren eigenen Bedürfnissen dienstbar gemacht und in ihre eigenen Hände genommen.«[81]

Enzensberger läßt also nicht ab von einem absolut gesetzten Idealbild des unmanipulierten Menschen.[82] Er lehnt den marxisitischen Vorwurf von dem »Mythos des vorigen Jahrhunderts« ab. Über die noch heute lebenden, alt gewordenen Anarchisten, die er besucht hat, heißt es:

[80] Ebda., S. 177
[81] Ebda., S. 37
[82] Hier steckt das Motiv der Sehnsucht nach verloren gegangener Einheit, die nur noch Menschen primitiver Gesellschaften besitzen. Vgl. z. B. Leo Kofler, *Zur Dialektik der Kultur.* Frankfurt 1972, S. 175 f.

»Fast alle haben sie ihr Leben lang mit ihren Händen gearbeitet. Viele von ihnen gehen heute noch jeden Tag auf ihre Baustelle, in ihre Fabrik. Meist arbeiten sie in kleineren Betrieben. Mit einem gewissen Stolz stellen sie fest, 'daß sie auf niemanden angewiesen sind, daß sie sich ihr Brot immer noch selbst verdienen; jeder von ihnen ist ein Könner in seinem Fach. Die Parolen von der »Freizeitgesellschaft«, die Utopien des Müßigganges sind ihnen fremd. In ihren kleinen Wohnungen gibt es nichts Überflüssiges; Verschwendung und Warenfetischismus sind ihnen unbekannt. Nur der Gebrauchswert zählt. Sie leben in einer Kargheit, die sie nicht bedrückt. Stillschweigend, ohne Polemik, ignorieren sie die Normen des Konsums.«[83]

Rettungsversuch gegen historische Resignation

Enzensbergers Utopieversuch funktioniert, wie häufig bei ihm, nach einer Art romantischen Ironie: Er erkennt den verlorengegangenen Menschen in dem historisch überholten Typus des Anarchisten. Er verschweigt diese Überholtheit nicht, aber im gleichen Augenblick erscheint dieser Typus auch als der eigentlich Wahre und der überholte Typus als der eigentlich Falsche.

»Das sind keine kaputten Typen. Ihre physische Verfassung ist ausgezeichnet. Sie sind nicht ausgeflippt, sie sind nicht neurotisch, sie brauchen keine Drogen. Sie bedauern sich nicht. Sie bereuen nichts. Ihre Niederlagen haben sie keines Schlechteren belehrt. Sie wissen, daß sie Fehler gemacht haben, aber sie nehmen nichts zurück. Die alten Männer der Revolution sind stärker als alles, was nach ihnen kam.«[84]

Diese kulturkritische Erkenntnis rettet das historisch Vergangene als eine Art idealtypische Verpflichtung vor drohender Resignation eines bürgerlichen Historismus. Für einen Augenblick, so scheint Enzensberger argumentieren zu wollen, war ja das Ideal Wirklichkeit, und da seine besonderen Bedingungen nur stilisiert vorgeführt werden, wächst dieser Augenblick, das eben ist die unmittelbare Konsequenz einer ästhetischen Utopie, zur Ewigkeit. Die Anarchisten sind wie Indianer und Durruti wie Tecumseh: Obwohl der lesende Knabe im Grunde weiß, daß beide gar keine Chance haben, feiert er ihre Siege wie die Vorwegnahme des endgültigen, des letzten Siegs. Es zeigt sich also auch hier, im Falle eines stilisierten, nacherzählten Anarchismus, dem einzigen unter den hier vorgeführten

---

[83] Enzensberger, a.a.O., S. 283
[84] Ebda., S. 284

Beispielen, wo ökonomische und politische Zielvorstellungen angegeben sind, daß nicht diese Zielvorstellungen die Utopie aufbauen, sondern wiederum verschiedene Ausdrucksformen zwischenmenschlicher Beziehungen.

Indem Enzensberger den spanischen Anarchismus von der eigentlichen »Politik« abtrennt und aktuell politische Beziehungen ausdrücklich negiert, verwandelt er ihn in das, worauf er unausgesprochen hinaus will, die reine Utopie. Wie Walser aus der Schilderung total zerstörter menschlicher und gesellschaftlicher Beziehungen monoman vorstößt zum Gegenteil, als sei das eine Notwendigkeit, so schließt Enzensberger aus der Schilderung eines romantisch stilisierten menschlichen Solidaritätserlebnisses ebenso auf seine permanente Wünschbarkeit. Durch die hier vorgeführte Technik einer ästhetischen Veranstaltung entsteht plötzlich aus dem »Es war einmal« doch noch ein »Es wird einmal«. Das eben bedeutet, eine ästhetische Utopie herstellen, die einer eingehenderen politologischen und ideologischen Diskussion allerdings nicht auszusetzen ist. Der Dokumentarist Enzensberger hat in Wahrheit eine wunderbare Geschichte erfunden. Für wie wahr man sie hält, das hängt davon ab, wie viel oder wie wenig man, um mit Karl Mannheims Worten zu sprechen, sein Bewußtsein mit dem umgebenden Sein in Übereinstimmung gebracht hat. Es ist wieder eine Bewußtseinssache geworden, und zweifellos steht die Gefahr an, vor der Ernst Bloch warnte, wenn er die alten Utopien als stillstehend kennzeichnete im Gegensatz zur konkreten Utopie des Marxismus, der einer materiellen Tendenz folgt.[85]

Alle hier analysierten Formen und Inhalte utopischen Sprechens sind nicht einfach eine Flucht nach gescheiterten Revolutionsträumen. Allerdings sind es subjektive Postulate. Sie sind zunächst und vor allem der Ausdruck ihrer Sprecher, wie wenig sich diese in Übereinstimmung befinden mit den »Zuständen«. Die Entleerung konkreter utopischer Inhalte von sozialer und politischer Bestimmtheit zugunsten utopischer Erwartung auf eine neue psychische Disposition des Menschen ist in jedem Falle gegeben. Diese Art von utopischem Ansatz erscheint im Lichte des Zerstörungs- und Dekadenzmotivs vieler radikaler bürgerlicher Intellektuellen wie ein Rettungsversuch aus dem

---

[85] Ernst Bloch, *Vom Hasard zur Katastrophe.* Politische Aufsätze aus den Jahren 1934–1939. Frankfurt 1972, S. 315 ff.

Nichts. Kein Zweifel: Nach den Jahren kulturrevolutionärer Emphase oder politischer Indoktrinierung ist dies der »Rückfall« eines Bewußtseins, das sich vereinzelt.

Die Bedingungen, so war zu Beginn zugestanden worden, sind zu verschärfen, wo der utopische Erwartungshorizont verlassen wird und materiell utopische Ziele auftauchen, denn hier stellt sich der Anspruch des »antizipierenden Bewußtseins« (Bloch). Wie das Beispiel Walser und Enzensberger gezeigt hat, sind aber auch diese Ziele durch eine stilistische Operation eher verdunkelt worden. Das bedeutet zweifellos eine »Ästhetisierung« von einst konkreten politischen Sachverhalten. Das aber ist keineswegs nur ein individuelles Problem des einen oder anderen Schriftstellers, das er für sich selbst zu lösen hätte oder auch nicht, sondern eine ehrliche Antwort zu unserer Lage. Die Ästhetisierung ist keine Aufhebung der hier erörterten Formen utopischen Sprechens. Blochs Verdikt gegen die Subjektivität utopischer Phantasie war ohne allerjüngste Erfahrungen. Die hat Marcuse hingegen gemacht.[86] Wenn Utopie ermöglicht wird in einem fiktiv ästhetischen Kontext, dann sagt diese Möglichkeit vielmehr einiges über die ausführlich dargelegte Gefährlichkeit und Notwendigkeit des Ästhetischen. Dem ideologiekritischen Zensor wird sich das Ganze möglicherweise darstellen als ein Rückfall des Bewußtseins von einer Sache zum bloßen Traum davon, wie es Karl Marx in einem Brief an Ruge vom September 1843 formulierte. Die Pointe aber ist, daß wir diese Sache noch nie besessen haben.

Der historische »Rückfall« ist notwendig

Die Isolation, die von einer solchen politischen Erfahrung herrührt, wird verstärkt, da weithin bei der literarischen Intelligenz Ratlosigkeit herrscht über die ökonomischen und strukturellen Entwicklungstendenzen. Gäbe es hier wirklich die allerdings zu befürchtende Parteilichkeit im Sinne des DKP- oder DDR-Marxismus, dann bliebe das utopische Motiv aus. In der Unentschiedenheit der westdeutschen literarischen Intelligenz wiederholt sich in der Tat nur ein spezifisches Merkmal des Utopikers angesichts ökonomischer und politischer Prozesse, die sich ganz und gar der Beeinflussung entziehen, wodurch

[86] Vgl. Herbert Marcuse, *Phantasie und Utopie*, In: »*Eros und Kultur*«, Stuttgart 1967

bei diesen utopisch argumentierenden Künstlern das Gefühl einer großen anonymen und falschen Entwicklungstendenz aufkommt.

Es ist schon am Beispiel Walsers angedeutet worden, inwiefern die bei ihm auftauchenden utopischen Motive der Brüderlichkeit eher einige utopisch durchsetzte frühsozialistische Vorstellungen aktualisieren, als dem »wissenschaftlichen« Sozialismus verpflichtet sind. Dasselbe gilt für Enzensbergers versteckte Sozialutopie, die denn auch Ziel gehäuften Spottes orthodox marxistisch argumentierender Linker geworden ist.[87] Solch marxistischer Spott auf Kosten der westdeutschen Linken übersieht allerdings, inwiefern deren irrationale und subjektivistische Aufweichungs-Argumente, am greifbarsten eben im utopischen Motiv, eine vorläufige, notwendigerweise kurzfristige und eher instinktive als genau durchgerechnete Reaktion auf jene rationalen Ordnungsfaktoren sind, die in der *Dialektik der Aufklärung* diagnostiziert wurden und die mehr schrecken denn je. Das besagt aber, daß genannte Schriftsteller deshalb auf utopische Überlegungen »zurückfallen«, weil die ökonomisch politische Entwicklungstendenz ihnen weniger strukturiert erscheint, als dem »wissenschaftlichen« Marxisten, weil System- und Planungsalternativen in der soziologischen Diskussion auftauchen, in denen eine Zukunft antizipiert wird, die der utopischen Linken nicht wünschenswert erscheinen kann.[88] Insofern haben wir es tatsächlich mit einem historischen Rückfall auf jene unübersichtlich-voluntaristische Position zu tun, in der auch die »unreifen Theorien«[89] der Saint-Simon und Fourier entstanden sind.

Walsers Beschreibung vom kaputten Zustand entspricht eher Fouriers satirischem Blick auf den moralischen Zustand der bürgerlichen Welt, als einer marxistisch relevanten Analyse.[90] Je mehr einer solchen Analyse die Möglichkeit konkreter Freiheit dunkel bleibt, um so stärker wird das utopische Motiv in

[87] Vgl. H. Lange, a.a.O., S. 52f.

[88] Vgl. hierzu besonders die Luhmann/Habermas-Debatte: *Theorie der Gesellschaft oder Sozialtechnologie*. Frankfurt 1971

[89] Vgl. Friedrich Engels, *Die Entwicklung des Sozialismus von der Utopie zur Wissenschaft*. In: Marx/Engels, *Ausgewählte Schriften II*. Berlin 1970, S. 107

[90] Zum utopischen Ansatz innerhalb des Marx'schen Werkes selbst, besonders der Pariser Manuskripte, den später Ernst Bloch herauszuarbeiten versuchte, vgl. Alfred Schmidt, *Der Begriff der Natur in der Lehre von Marx*. Frankfurt 1971. S. 130

seiner eschatologischen und anthropologischen Ausbildung wieder auftauchen. Ohne die Glücksvorstellung unserer verschiedenen literarischen Gewährsleute theoretisch überstrapazieren zu wollen oder Beziehungen zu konstruieren, wo doch von Fall zu Fall eher das utopische Motiv durch literarische Setzung hergestellt wird, so ist es doch wichtig zu sehen, daß zunächst alle Autoren auf ein unmittelbares Sinnlichkeits- und Naturverständnis fixiert sind. Dieses aber ist nicht gedeckt durch die marxistische Tradition, sondern entspricht, wenn man philosophische Korrespondenzen sucht, eher der Feuerbach'schen Entfremdungsidee. Die Feuerbach'sche Utopie einer »Einheit von Leben, Bewegung und Glück«, die selbst ein romantischer Anthropologismus ist[91], enthält jedenfalls schon das Antriebsmotiv, das hinter den Fiktionen von Widmer, Enzensberger und Walser steckt: ein stark sensualistisches Konzept über die Bestimmung des Menschen, übertragen aus seiner Naturansicht. Wo aber anthropologisch argumentiert wird, da ist, man muß das von Anfang an zugeben, die Lage brenzlig.

Die Situation des »Als ob«

Anthropologische Reduktion war für Walsers und Enzensbergers Erzählung vom archaischen Glück des neuen und alten Menschen festgestellt worden: Sie hören das Wolfsgeheul der »Konkurrenz« und suchen »Solidarität«. Sie diagnostizieren direkt bzw. indirekt Vereinzelung und Angst und konfrontieren beide Symptome der modernen »Entfremdung« entweder mit dem alten »anarchistischen« oder mit dem neuen »utopischen« Menschen. Und dies unbeschadet der gefährdeten Position, in die sie sich damit begeben, sofern sie marxistisch argumentieren möchten und doch in der »Deutschen Ideologie« nachlesen könnten, wie wenig Marx von Feuerbachs naturentlehnter, obigen Versuchen vergleichbarer Glückserwartung hielt, so daß er gegen diese Glücks-Erwartung sogar des Wolfszähmers Hobbes' »Bellum omnium contra omnes« anführte.[92] Damit führen die Schriftsteller als Erfinder von Fiktionen, nicht als Theoretiker, fort, was die Utopie der neuen Linken, besonders

---

[91] Vgl. hierzu Alfred Schmidt, ebda. S. 132
[92] Zur Bedeutung dieses Arguments für die Marx'sche Abwendung vom Anthropologismus vgl. Alfred Schmidt, ebda., a.a.O., S. 133

ihres anarchistischen Flügels, versucht hat und weshalb sie sowohl von marxistischer (Wolfgang Harig) wie auch konservativer (Hannah Arendt) Kritik hart getroffen worden ist.[93] Enzensbergers Beschreibung altgewordener Anarchisten, Walsers Darstellung einer Begegnung mit jungen Marxisten entsprechen ziemlich genau den anthropologischen Aussagen, wie sie noch das »Kursbuch« 14 von 1968 enthält: »Wir dürfen auch nicht vergessen, daß in einer neuen Gesellschaft neue Menschen entstehen . . . Ich glaube, die Neurose verschwindet mit dem Umbau der Gesellschaft.«

Eben auf die Überwindung des als neurotisch empfundenen Zustands aber lief sowohl Enzensbergers wie Walsers Erzählung hinaus, und Widmer und Borns Zielrichtung deuten dasselbe an. Sollte sich ein autonom gebliebener Rest des ästhetisch-literarischen Vorgehens darin beweisen, daß er gefahrlos wenig Rücksicht zu nehmen braucht auf irgendwelche theoretischen Machtwörter? Immerhin könnte eine solche Fiktion Begriffe wie »permanente anthropologische Revolution« oder »experimentelle Anthropologie« in Anspruch nehmen, die in der neu entfachten soziologischen Diskussion über die Anthropologie vorgeschlagen worden sind.[94] Notwendig ist das allerdings nicht. Realisiert sich in der geschilderten utopischen Fiktion doch eben das, was durch die genannten Begriffe nur behauptet ist. Es stellt sich nämlich daran anknüpfend unmittelbar die Skepsis ein, ob ein Wort wie »experimentelle Anthropologie« nicht wirklich erst glaubhaft ist im Kontext der sinnlichen Sprache. Das heißt aber die »Als ob«-Situation eingestehen, die mit der literarischen Utopie endgültig einsetzt und vielleicht stellvertretend auch für die Funktion solcher Utopien steht, die sich nicht nur auf Fiktives berufen. Das soll im dritten Teil ausführlich dargelegt werden.

Umkehrung des Ordnungsprinzips

Die Zurücknahme des utopisch Gewünschten auf das anthropologische Motiv hat die traditionelle Bestimmtheit der klassischen Utopien weitgehend aufgelöst. Dadurch aber ist nicht nur formal eine ganz andere Struktur sichtbar geworden, son-

---

[93] Einen guten Überblick hierüber gibt Lepenies, *Soziologische Anthropologie*. Materialien, a.a.O., S. 120ff.

[94] Vgl. Lepenies, ebda., S. 125

dern es findet inhaltlich auch eine ideologische Verschiebung statt. Man muß sich daran erinnern, daß die klassische Utopie bis hin zur marxistischen immer Ordnungssysteme entworfen hat. Die klassische Utopie stellt der zeitgenössisch herrschenden Unordnung, Ungerechtigkeit und dem Chaos geradezu einen furchterregend aufgeräumten Plan entgegen. Die utopische Planung erfaßt alles zum Besten aller. Selbst die Freizeit bleibt nicht ausgespart.[95] Demgegenüber bedeuten die hier untersuchten Formen literarischer Utopie geradezu die Umkehrung dieses Ordnungsprinzips: Die utopische Erwartung entbehrt nicht nur jedes Systemgedankens, sie tendiert in ihrer hypothetischen Rede nicht nur auf eine außergewöhnlich ungeordnete Selbstverwirklichung des Menschen ohne Rücksicht auf Institutionen, sie ist vielmehr, ganz im Widerspruch zur klassischen Utopie, ein heftiges Reagieren auf eine Gesellschaft, von der man glaubt, daß sie im Zustand der totalen Verplanung sich befindet, wodurch ihre Subjekte entmündigt werden.

Der verplanten Zukunft wird freilich mißtraut, nicht weil man der Rationalität selbst mißtraute, sondern weil diese Rationalität einerseits als ambivalent empfunden wird und man andererseits die ausführlich an der Kategorie des »Plötzlichen« erörterte Erwartungsstruktur weiter in seinem Denken mit sich herumschleppt. Woraus zu erklären ist, daß man die geplante Beseitigung von Krisen gar nicht wünscht, sondern im Gegenteil auf die Krise hofft, als Inbild der Erneuerung. Hierin steckt zweifellos ein resignatives Moment von der Undurchschaubarkeit der modernen Welt, was eher zum konservativen denn linken Bestand gehört. Hierin liegt auch im Unterschied zur futurologischen Erwartung das Irrationelle des utopischen Bewußtseins und seiner deshalb notwendigerweise nur ästhetischen Realisation. So sehr sich das utopische Bewußtsein inhaltlich von der klassischen Utopie unterscheidet, unterscheidet es sich auch von der Futurologie, die mit der klassischen Utopie Rationalität und Optimismus gemeinsam hat und ebenfalls stark positivistisch ausgerichtet ist, weshalb die Futurologie bisher auch in einem stabilisierten Widerspruch zur apriorisch subjektivistischen utopischen Phantasie steht.[96]

[95] Vgl. hierzu W. Lepenies, *Melancholie und Gesellschaft*, a.a.O., S. 177
[96] Zu diesem Widerspruch vgl. Reimar Lenz, *Das Meta-Seminar oder Die Rolle der Subjektivität für die Ausbildung sozialer Phantasie*. In *Ansichten einer*

Aus der Not eine Tugend gemacht

Nicht von ungefähr hat Lars Gustafsson in seinem futurologischen Beitrag *Bausteine für eine Futurologie der zweiten Phase* die futurologische Fragestellung von der Jetztsituation her problematisiert und listigerweise mit einer intellektuellen Auflage belastet, die von der Futurologie selbst nicht gelöst werden kann, nämlich mit den utopischen Begriffen des »Abbruchs« und des »Unregelmäßigen«.[97] Nachdem sich der in diesem Zusammenhang anbietende Begriff einer »konkreten Utopie«, wie er im »Kursbuch« 14, 1968, am Beispiel der Kommune diskutiert worden ist, auch eher als ein nur tröstendes Wort denn eine systematisch brauchbare Kategorie herausgestellt hat, sollte das reine utopische Bewußtsein von dieser Seite her kaum mehr in Frage gestellt werden können. Es hat das starke Argument für sich, daß es nicht illusionistisch funktioniert, was bei futurologischen Vorschlägen immer die Gefahr ist, sondern den Illusionismus immer gleich mit reflektiert. Da Literatur steht und fällt mit anthropologischen Aussagen, läuft die utopisch-literarische Phantasie nicht Gefahr, sich in institutionelle Vorschläge retten zu wollen. Wenn dies so ist, dann wäre utopisches Sprechen die notwendige Kontrollinstanz sowohl gegenüber der positivistischen Futurologie als auch gegenüber der Systemtheorie. Auf diese Weise wäre dann ihre Not, der Subjektivismus, wirklich zur Tugend geworden.

künftigen Futurologie, hrsg. von Dietger Pforte und Olaf Schwencke. München 1973, S. 151f. Außerdem Bart van Steenberger, *Kritische Futurologie und Utopie* a.a.O., S. 75

[97] Vgl. *Ansichten einer künftigen Futurologie,* a.a.O., S. 30ff.

II. Exkurs über Kritik und Geschichtlichkeit

1. Das Dilemma: die Subjektivität und das Allgemeine

»Es ist ein großer Unterschied, ob der Dichter zum Allgemeinen das Besondere sucht oder im Besondern das Allgemeine schaut. Aus jener Art entsteht Allegorie, wo das Besondere nur als Beispiel, als Exempel des Allgemeinen gilt; die letztere aber ist eigentlich die Natur der Poesie: sie spricht ein Besonderes aus, ohne ans Allgemeine zu denken oder darauf hinzuweisen. Wer nun dieses Besondere lebendig faßt, erhält zugleich das Allgemeine mit, ohne es gewahr zu werden, oder erst spät.«
(Maximen und Reflexionen)
Diese Sätze des glücklichen Goethe scheinen das Dilemma, von dem hier die Rede sein soll, für immer geklärt zu haben: zu Gunsten der Poesie, zu Gunsten des Besonderen, ohne daß der Anspruch des Allgemeinen vergessen würde. Aber ist es wirklich so? Denn: wer faßt das Besondere wirklich lebendig? Und wie faßt er es? In Goethes letztem Satz steckt unsere Frage weiter ungelöst, und sie blieb bisher eigentlich auch unbeantwortet. Ist mit diesem Satz etwa ein Blankoscheck auf jeden netten, überraschenden literarischen Einfall ausgestellt? Und wenn nicht, wie hilft er angesichts der ebenso häufigen Meinung, daß die moderne Literatur nach einer schon vorhandenen, sie erst beglaubigenden Theorie funktioniere, demnach nur die Paraphrasierung von etwas schon Gewußtem, abstrakt schon Vorweggenommenem wäre? Ich gestehe, daß mir diese Version spätestens seit Hegels Verdikt gegen den Anspruch der Kunst, noch immer der Philosophie ebenbürtig zu sein, einiges für sich hat. Hegel schreibt in der Einleitung in seine »Vorlesungen über die Ästhetik«: »Der Gedanke und die Reflexion hat die schöne Kunst überflügelt ... Die Reflexionsbildung unseres heutigen Lebens macht es uns, sowohl in Beziehung auf den Willen als auch auf das Urteil, zum Bedürfnis, allgemeine Gesichtspunkte festzuhalten und danach das Besondere zu regeln ...« Goethes berühmte Unterscheidung zwischen Symbol und Allegorie kann uns da nicht mehr helfen.

Mehr noch: Widerspruch gegen Hegels Ansicht scheint mir ein Candide wider die Vernunft. Nur: ist eine solche Ansicht nicht ebenso, auch ohne Goethes Satz zu Hilfe zu nehmen, ein Candide wider die Poesie? Und zwar dann, wenn man auf der Spannung besteht, die zwischen soziale und historische Zukunft vorwegnehmender Wissenschaft und jener utopischen Qualität besteht, außerhalb derer Sprache nicht mehr als Literatur bezeichnet werden kann.

Dennoch: Literaturkritik hat zu lange und zu selbstverständlich von der Gewißheit gelebt, Hegel hinter sich zurücklassend, daß Kunst und Literatur etwas Unverzichtbares sei. Adornos philosophische Rettung des Besonderen in seiner Subjekt-Objekt-Dialektik, wie man sie aus der 1966 erschienenen *Negativen Dialektik* herauspräparieren könnte, sollte kein Blankoscheck werden, von der eine ganze Epoche lebt. Es ist wahr: »Der Zirkel der Identifikation, die schließlich immer nur sich selbst identifiziert, ward gezogen von dem Denken, das nichts draußen duldet ... Solche totalitäre und darum partikulare Rationalität war geschichtlich diktiert vom Bedrohlichen der Natur. Das ist die Schranke. Identifizierendes Denken, das Gleichmachen eines jeglichen Ungleichen, perpetuiert in der Angst Naturverfallenheit.«[1] Aber hieraus läßt sich keine Beruhigung gewinnen gegenüber dem Verdacht, daß unsere Literatur und ihre Kritik oft nur Pseudosubjektivität vorspiegeln und längst nicht mehr die Würde des »Ungleichen« enthalten, die ja nur in Beziehung zum »Gleichen« denkbar wird.

Wir wollen das »Ungleiche« als utopische Qualität der Literatur definieren. Damit ist eine Vorstellung von Literatur angesprochen, die theoretisch von einigen deutschen Frühromantikern erstmalig entwickelt wurde, danach aber zu allgemeinerer Geltung kam. Mit Recht hat man gemeint, daß die »Moderne«, wie sie Baudelaire sah und der ihm folgenden Avantgarde hinterließ, damals vorweggenommen worden ist. Dieser Anspruch auf »Modernität« hat innerhalb des tradierten Literaturbegriffs nicht abgenommen, war nie eine bloße Stil-Entscheidung, sondern unabhängig von den künstlerischen Schulen des ausgehenden 19. und beginnenden 20. Jahrhunderts gültig. Das Erkennungszeichen hat Robert Musil genannt und damit auch schon das Dilemma der literarischen Kritik: Er sprach vom

---

[1] Theodor W. Adorno, *Negative Dialektik*, Frankfurt 1966, S. 172

»Inkommensurablen«, also dem nicht Meßbaren, oder besser, dem mit nichts anderem Meßbaren. Zur Abwertung ließe sich natürlich allerlei Richtiges über die ideologischen Implikationen gerade dieses Wortes sagen: Hier wäre uns eine extrem »irrationale« (eben letztlich auf die Frühromantik zurückgehende) Stereotype des bürgerlichen Dichtungsbegriffs überliefert, den man immer wieder aktualisierte, nachdem in seinem Zeichen noch einmal der großbürgerliche Roman von Proust bis Broch zu sich selbst kam, von der Lyrik bis Celan gar nicht zu reden. Aber was wäre mit solchem ideologiekritischen Verdacht, außer einem richtigen historischen Hinweis, eigentlich gewonnen? Immerhin hat das Wort »Inkommensurabel« in der Zeit der »Dokumente« und »Authentizitäten« etwas Aufreizendes und Abschreckendes, läßt sich auch nur durch sehr wenige Texte der letzten zwanzig Jahre belegen. In ihm steckt der Anspruch des »ganz Anderen«, den W. F. Haug anläßlich von Marcuses Utopie-Begriff kritisierte.[2] Wenn ich es dennoch hier einführe, dann nicht um einer berechnenden Reminiszenz willen, die auf besondere Nuancen aus ist, sondern weil dieser Begriff, hermeneutisch eingesetzt, am besten die Aporie verdeutlicht, in die jede nicht-naive Reflexion über sprachliche Phänomene, die man ästhetisch nennt, geraten muß.

Ich gehe dabei von folgender Voraussetzung aus: Diese Phänomene entstehen durch Wörter, in denen 1. die Welt nicht bloß widergespiegelt wird und 2. auch nicht unser schon formuliertes Bewußtsein von ihr.

Man muß wahrscheinlich unsere Frage wieder zu der alten Frage machen und ihren klassischen Problemkern freilegen. Die Jahrzehnte andauernde innermarxistische Realismus-Debatte, leicht entscheidbar am Beispiel Lukács-Brecht, schwieriger am Beispiel Benjamin-Brecht, hat uneingedenk ihrer Banalitäten gegenüber der bürgerlich-avantgardistischen Theoriebildung immer einen großen intellektuellen Vorsprung gehabt: Sie behandelte diese Frage als klassische Frage und hat entgegen der modernistischen Abfälschung in diverse Stil- und Schreib-Probleme, denen man inhaltlich durchaus den Vorzug geben kann, formal immer gewußt, um was es eigentlich ging und geht: um Subjekt und Objekt. Wenn es nun so wäre, daß das poetische, das imaginative Subjekt im Unterschied zum

[2] In: *Antworten an Herbert Marcuse*. Frankfurt 1968, S. 32f.

philosophischen die Objektwelt nicht widergibt, sondern ein Mehr, ein Darüberhinaus – und darauf muß konsequenterweise das hermeneutische Interesse gerichtet sein –, dann folgt daraus für die literarische Kritik eine kaum lösbare Schwierigkeit. Sie wird dieses Mehr kaum je genau angeben können – also eben das nicht, worum es ihr eigentlich gehen müßte, während alles andere unterhalb dieses Mehr auch von einer anderen als gerade der literaturkritischen Methode geleistet werden könnte.

Damit wären wir also doch wieder auf jene klassische Regeln zurückverwiesen, wie sie besonders lakonisch Kant in der *Kritik der Urteilskraft* formuliert hat: »Es kann keine objektiven Geschmacksregeln, welche durch Begriffe bestimmen, was schön sei, geben. Denn alles Urteil aus dieser Quelle ist rein ästhetisch, d. h. das Gefühl des Subjekts und kein Begriff des Objekts ist sein Bestimmungsgrund.«

Erinnern wir uns, daß die wissenschaftliche Literaturkritik, die sich, mit Ausnahme des amerikanischen New Criticism, erst seit wenigen Jahren dem Problem der ästhetischen Wertung überhaupt gestellt hat, nicht von ungefähr hierzu nur sehr zurückhaltend formuliert.[3] Eben weil da keine rationalisierbaren Antworten möglich sind, hat die Mehrzahl der Literaturwissenschaftler zu diesem Problem zwiespältig geurteilt, wenn auch seit H. G. Gadamers und J. Habermas' Arbeiten das Bewußtsein für das Problem der Wertung geschärft ist.

Als von einem positiven Ziel literaturwissenschaftlichen Interesses haben von den damit befaßten deutschen Forschern vor allem Wilhelm Emrich[4] und Hans Robert Jauß[5] gesprochen. Dabei fällt auf, daß sie bei eindeutig unterschiedlicher Perspektive auf Lösungen rekurrieren, die direkt oder indirekt von der deutschen Frühromantik angeregt wurden. Emrich bezieht sich bei dem ästhetischen Kriterium direkt auf Friedrich Schlegels Begriff vom »Kontinuum der Reflexion«, Jauß spricht vom »Erwartungshorizont des Lesers«, also dem romanti-

[3] Beispielhaft hierfür ist Walter Müller-Seidels programmatisches Buch *Probleme der literarischen Wertung. Über die Wissenschaftlichkeit eines unwissenschaftlichen Themas.* Stuttgart 1969. Außerdem Herbert Antons Studie *Mythologische Erotik in Kellers ›Sieben Legenden‹ und im ›Sinngedicht‹.* Stuttgart 1970

[4] Wilhelm Emrich, *Zum Problem der literarischen Wertung.* Lit. Abhandlung der Mainzer Akademie der Wissenschaften, Wiesbaden 1961

[5] Hans Robert Jauß, *Literaturgeschichte als Provokation der Literaturwissenschaft.* Frankfurt 1970

schen Gedanken, daß sich das ästhetisch Relevante erst im Subjekt vollstrecke. Beide nähern sich damit der zentralen Vorstellung einer neueren Kritik, die von der geschichtlichen Wirkung eines Textes auf einen geschichtlichen Leser ausgeht und für die der Name des französischen Literaturkritikers Roland Barthes steht. Von anderen Denkimpulsen her hat Lars Gustafsson diese Vorstellung in seinem denkwürdigen Aufsatz »Richthofens Problem« entwickelt.[6] So viel darf man hier schon feststellen: Die als Kriterien benutzten Wörter »Kontinuum der Reflexion« und »Anweisungscharakter« deuten auf eine Entgrenzung beim literarischen Text, dem eben der Begriff vom »Inkommensurablen« korrespondiert.

Nun muß aber der Literaturkritiker dort anfangen, wo der Literaturwissenschaftler aufhören darf. Vorausgesetzt, beide hätten sich in der Frage des Kriteriums geeinigt, wäre der Literaturkritik nur ihre Aporie bestätigt, mit der sie in abstrakter Enthaltsamkeit kaum gut leben könnte. Es zeigt sich ein Unterschied zwischen literaturwissenschaftlicher »Interpretation« und literarischer »Kritik« am Begriff des »Vorverständnisses«, das für beide Annäherungsformen notwendig wird: Das »Vorverständnis« des Philologen gilt durchweg einem historisch schon etwas begriffenen Text, während der Kritiker diese historische Dimension überhaupt erst noch herstellen muß, sofern er zu relevanten Aussagen kommen will.

Aber schon beim ersten Schritt einer literaturkritischen Annäherung an einen literarischen Text steht Scheitern an: nicht, weil das die Praxis eben so an sich hätte, sondern weil die Wertigkeit des »Inkommensurablen« nunmehr erst folgenschwer wird und sich nicht allgemein theoretisierend unterlaufen läßt. Für die literaturkritische Situation taucht nämlich nun die Kalamität des Verhältnisses von Begriff und Anschauung, von Allgemeinem und Besonderem auf[7], von dem her sich das sogenannte »Inkommensurable« allein bestimmen läßt. Ist es imaginativer Literatur (unserer Bestimmung nach) eigentümlich, dem Begriff jeweils um ein Haar voraus zu sein, so kann der Kritiker eben dieses Haar doch nur im Begriff fassen. Inwieweit aber ist die Vermutung überhaupt zu verifizieren, daß Literatur dem Begriff, wie wir sagten, immer um ein Haar vor-

[6] In: *Utopien.* Essays., a.a.O., S. 53
[7] Diese Kalamität der Interpretation hat Adorno anläßlich seiner Surrealismus-Kritik angedeutet. In: *Noten zur Literatur* I, Frankfurt 1971, S. 155f.

aus sei? Ist es überhaupt vertretbar, sich vorzustellen, es gäbe ein Besonderes, das sich dem Allgemeinen entziehen könnte, es sei denn, man befürworte einen extrem irrationalen und bei Gelegenheit auch aggressiv anwendbaren Literatur-Mythos? Das wäre die anarchistische Literatur-Variante, die Haug mit der schon genannten Kategorie des »ganz Anderen« in der politischen Philosophie Herbert Marcuses kritisierte. Diese anarchische Konsequenz ist ein Grenzfall, der einst auch von sehr bedeutenden Schriftstellern wie Yeats, Pound, Eliot oder Benn, den Zeugen einer theoretisierenden Avantgarde, teilweise angestrebt wurde, heute aber in dieser Radikalität zwar wünschenswert, aber nicht denkbar ist. Die Kalamität, die jetzt noch gilt, hat der Theoretiker der französischen »nouvelle critique«, Roland Barthes, folgendermaßen beschrieben:

». . . die Besonderheit des Werkes widerspricht außerdem in gewissem Maße der Geschichte; das Werk ist wesentlich paradoxer Natur, es ist Zeichen für die Geschichte und zugleich Widerstand gegen sie. Dieses grundlegende Paradoxon tritt in unseren Literaturgeschichten mehr oder weniger deutlich zutage: jedermann spürt deutlich, daß das Werk dem Zugriff entflieht, daß es *etwas anderes* ist als seine eigene Geschichte, als die Summe seiner Quellen, der Einflüsse oder seiner Vorbilder. Es bildet einen harten irreduziblen Kern in der unentschiedenen Masse der Ereignisse, der Bedingungen, der kollektiven Mentalitäten.«[8]

Will man diese Besonderheit für die moderne Literatur beanspruchen, dann muß man sich gleichzeitig daran erinnern, daß die ersten Theoretiker eines ästhetischen Subjektivismus zu Beginn des 19. Jahrhunderts vom Dichter immerhin noch erwarteten, er beziehe seine Konkreta auf durchaus bekannte Vorstellungen. Das Allgemeine konnte umgangen werden, aber seine erkenntnistheoretische Priorität wurde niemals angezweifelt. Ich muß an dieser Stelle bekennen, daß sich mir das Dilemma nicht geklärt hat. Im Gegenteil: Befreit von historischem Ballast wiederholt sich das einst eher ontologisch Gemeinte jetzt in der formalen Dialektik eines nur noch ästhetischen Problems: Der Wort- und Sinnzusammenhang eines literarischen Textes evoziert eine Perzeptionsweise, die cognitiv anderes leistet als der nicht-literarische Kontext. Beispiel: Würde man zustimmen, daß Kafkas Prosa sinnliche und geistige

[8] R. Barthes, *Literatur oder Geschichte*, Frankfurt 1969. S. 13

Erfahrungen vermittelt hat, die mit dem frühmarx'schen Begriff der »Entfremdung« gedeckt wären, dann könnte der Schluß daraus dennoch nicht heißen: in Kafkas Sprache unterwerfe sich nur ein Besonderes einem Allgemeinen. Vielmehr müßte es heißen, daß dieses Besondere selbst die Qualität eines neuen Allgemeinen hat, das den ursprünglichen Entfremdungsbegriff übersteigt. Aus dieser Meinung würde nicht einfach folgern, daß Literatur ein voluntaristischer Akt ist, sondern entgegen Hegels Erniedrigung dennoch eine Nebenbuhlerin der Philosophie, mit eigenen Möglichkeiten zur Erkenntnis. Es gälte dann: Der herausfordernde Charakter von Literatur ist nach wie vor nicht leugbar. Er besteht keineswegs (zunächst vor allem) in einer nachzuweisenden politischen Wirksamkeit, sondern in der Evidenz, daß sie das Primat einer kategorialen Geistestätigkeit fraglich macht. Hierin aber liegt ein erkenntniskritischer Skandal verborgen. Lars Gustafsson hat eben das angesprochen, wenn er formulierte: »Das Phantastische in der Literatur existiert also nicht als eine Herausforderung an das Wahrscheinliche, sondern erst, wenn es zu einer Herausforderung an die Vernunft selbst gesteigert werden kann.« Und: »Das Phantastische . . . offenbart einen Skandal.«[9]

Nun ist das Phantastische zugestandenermaßen nur eine bestimmte Möglichkeit von Literatur und Kunst. Aber selbst dann, wenn ich von Literatur nicht als dem Phantastischen, sondern nur als dem Besonderen spreche, bleibt die skandalöse Herausforderung. Und hieraus fließt die Ausweglosigkeit des Kritikers. Will er nicht hinter das zu Kritisierende zurückfallen, darf er sich nicht einer generalisierenden Begrifflichkeit bedienen, welche die Literatur ja gerade jeweils überholt und an der die interpretierende Literaturwissenschaft z. B. immer wieder scheitert. Andererseits gibt es aber auch keinen Fluchtweg in die Anschauung ohne Begriffe, also etwa in den Versuch, sich auf dem angebotenen Sprach- und Bewußtseinsstrom des Schriftstellers verstehend einzuschiffen. Solches methodisch zunächst wohl unumgängliche Verfahren, um die ästhetischen Qualitäten eines Textes isolierend anschaulich zu machen, beantwortet nicht zufriedenstellend, was der Text wirklich enthält. Ich muß also, um der Idee eines Textes inne zu werden,

[9] Vgl. Gustafsson, *Utopien*, a.a.O., S. 17

zu irgendeinem Zeitpunkt doch den Begriff aufbieten, und es ist nun wohl bis heute ein Geheimnis, auf welche Weise das Unvereinbare zu kombinieren sei.

Das soll an einem Beispiel erläutert werden. Anläßlich Thomas Bernhards letztem Roman *Das Kalkwerk* war ich der Meinung, man könnte diesen Roman eine aufklärerische Rede wider die harmlosen Geister der Aufklärung nennen. Einen Affront gegen das, was man soziale Mentalität nennt. Der Begriff »Gesellschaft« werde als eudämonistischer Garant von Fortschritt in dieser Prosa ausgelöscht und an seine Stelle trete der Begriff »Natur« als »grauenhaftes Beweismittel«. Schließlich war an den Frühromantiker Novalis und den Anarchisten Kropotkin als wahlverwandte Gewährsleute Bernhards zu erinnern. Ich meine auch heute noch, daß auf diese Weise Wichtiges an Bernhards Buch erfaßt wurde – soweit Begriffe das vermögen. Macht man mit dieser Einschränkung ernst, dann zeigt sich allerdings, daß etwas Spezifisches überhaupt nicht benannt wurde, nämlich die hier und nur hier entwickelten Ängste eines einzigartigen Bewußtseins. Dagegen: Vorsichtiges, immer wieder Vergewisserung einholendes Nachahmen von Bernhards quälerischer Sprache vermöchte da mehr zu Wege zu bringen (so wie es Urs Widmer anläßlich des gleichen Buches getan hat). Nur: durch solche Akte der Identifikation droht eine Wiederholung und nicht eine Kritik dessen, was der Schriftsteller vermittelt. Entdeckerische Komplizenschaft des Kritikers mit dem Schriftsteller ist eine gute Sache, ändert aber nichts an dem Dilemma. Dieses taucht bei jeder literaturkritischen Absicht auf, die sich nicht von vornherein auf die herkömmlichen Rettungsanker wie »Sensibilität« und »Subjektivität« stützt. Das ist für die Praxis sogar richtig, gibt aber für eine theoretische Erörterung des Problems nichts her.

Ich habe bisher nichts Erlösendes zu dieser konkreten literaturkritischen Situation gelesen. Man muß das Problem immer wieder zurückführen auf seine philosophische Ursache: Bei der neuerlich vehement auftauchenden Verdächtigung poetischer Welterfahrung scheinen die Satzungen eines Locke und seiner Nachfolger wieder mächtig zu wirken. Es ist ein common sense, der das Faktische hoch wertet, das Spekulative aber radikal abwertet – und dies nicht, weil die aktuellen Versuche so schlecht ausfallen, sondern um des Prinzips willen. Daß Dichtung und ihre Kritik als Flucht verworfen wird und man ihr dafür didaktische Ziele zuordnet, ist nichts Neues, hatte vielmehr schon in der zitierten schottischen common-sense-Philosophie des beginnenden 17. Jahrhunderts seine ersten Fürsprecher, die dann auch konsequenterweise von poetischen Ästhetikern wie Edgar Allan Poe oder Oscar Wilde als gefährliche Gegner erkannt und bekämpft worden sind. In der jüngsten Phase der alten Problematik sehe ich ebenfalls keine theoretische Nötigung, den common-sense-Forderungen zu folgen. Ich sehe freilich auch keine einfach rationale Begründung für das imaginative Verfahren. Nur an seinem entscheidenden, seinem konstituierenden Element, der utopischen Absicht, erwiese sich seine Notwendigkeit. Hieraus ließe sich seine Autonomie ableiten.

Der utopische Kern imaginativer Schreibhandlungen ist nämlich den anderen Formen des Geistes darin überlegen, daß er sich nicht den Objekten unterwerfen läßt. Er bezieht seine Erkennungszeichen nicht aus den schon vorgegebenen Objekten, auch nicht bloß aus dem Subjekt, sondern aus dem Konflikt zwischen beiden. Er scheint mir das einzig sicher angebbare Kriterium von Literatur zu sein. Ihre Kritik kann sich also nicht an vorgegebenen intellektuellen Standards orientieren. Die Entdeckung, inwiefern diese oder jene literarische Sprache dieser oder jener theoretischen Schule (z. B. Strukturalismus, Informationstheorie, Wittgenstein) entspricht, sinnlich variiert, ideologisch bestätigt – all das könnte kein literarkritisches Indiz abgeben.

Heinrich Vormwegs zaghafte Feststellung, daß Sprache »trotz Linguistik, trotz Semiotik und ihren verschiedenen Aspekten (ein) nicht völlig aufklärbares Medium« sei[10], wäre dahingehend zu präzisieren, daß literarische Sprache der Aufklärungsabsicht der genannten Methoden überhaupt nicht befriedigend zu unterwerfen ist. Einzig sinnvolles Kriterium wäre das unabhängig von Schulen funktionierende utopische Element. Thomas Bernhards Imagination – um bei einem zeitgenössischen Beispiel zu bleiben – steht dafür, wie wir schon sahen: negativ. Seine, wie er es nennt, »Geistestätigkeit« jenseits von Psychogrammen und Soziogrammen besitzt eben das »Inkommensurable«, dem keine Konkurrenz erwachsen kann aus Wissen-

[10] Heinrich Vormweg, *Eine andere Lesart*. Über Neue Literatur, Darmstadt 1972, S. 58

schaft und Informationsmedien. Es ist eine antizipierende Konzentration, die »Annihilation des Jetzt«, wie Novalis, sein Gewährsmann und Wahlverwandter, einmal formulierte.

2. Spontaneität aus historischem Bewußtsein gewinnen

Es könnte der Eindruck aufkommen, mittels eines Begriffes wie Imagination werde versucht, wieder eine »primäre« Wirklichkeit zu erreichen, nachdem wir uns so lange schon an eine »sekundäre« gewöhnt haben. Der eng damit verknüpfte Begriff der »Utopie« bedeute dann, daß eine so geartete Sprache uns als einziges Medium den Zugang zu Erfahrungen von Unmittelbarem eröffne? Nun ist nicht zu leugnen, daß im Zusammenhang mit eschatologischen Bedürfnissen der Jetztzeit und in Konsequenz einer radikalen Kritik an der instrumentalen Vernunft, die mir durch keinerlei noch so scharfsinnige Systemtheorie überholt erscheint, Erwartungen auf solche Unmittelbarkeit formuliert worden sind. Neue Mythen vom Unmittelbaren tauchten auf, zumal in der amerikanischen Literatur. Diese aktuellen Frustrationserfahrungen sollen jedoch mit dem Begriff »Imagination« hier nicht befriedigt werden.

Was hier gemeint ist, sei am Beispiel des surrealistischen Entwurfs von Utopie erläutert, genauer gesagt an Walter Benjamins kunststrategisch so wichtigem, erst allmählich und fast widerwillig zur Kenntnis genommenen Begriff vom Surrealismus.[11] Er macht deutlich, inwiefern heute geläufig gewordene Kriterien der Literaturkritik, etwa »Authentizität« oder »Innovation«, nur funktional wichtig sind, ein Kriterium aber nur dann abgeben können, wenn man sich für diese oder jene formale Technik vorentschieden hat. Solch stillschweigend immanentes Wohlverhalten gegenüber dem Angebot muß hier aber gerade problematisiert werden.

Walter Benjamin hat im Gegensatz zu Adorno, für den hier stets eine Quelle der Beunruhigung lag, in seinem 1929 erschienenen Aufsatz »Der Sürrealismus. Die letzte Momentaufnahme der europäischen Intelligenz« den Dreh- und Angel-

[11] Vgl. K. H. Bohrer, *Die gefährdete Phantasie*, a.a.O., S. 42f.

punkt genannt: die »*profane Erleuchtung* einer materialistischen anthropologischen Inspiration«. Er leitet daraus die Forderung nach einer dialektischen Optik ab, »die das Alltägliche als undurchdringlich, das Undurchdringliche als alltäglich erkennt«.[12] Solche Sätze könnten, heute gelesen, auch die post-surreale Erfahrungsmöglichkeit aufschlüsseln: die imaginative Möglichkeit angesichts der Schrecken einer fortgeschrittenen Industriegesellschaft. Hier wiederholt sich jener allererste Protest gegen eine verdinglichte Vernunft, den die Romantik formulierte; man hat allmählich gelernt, sie nicht nur als eine »reaktionäre« Fluchtbewegung einzuschätzen. Über die Romantik hinaus freilich zielt das neue, erst jetzt formulierte Bewußtsein vom »Skandal«: dem Skandal der modernen Sinne wider die Vernunft, der erkenntnistheoretische Skrupel zwischen Begriff und Anschauung, ein methodisches Sich-Faszinieren-Lassen durch die Mythologie des einzelnen Dinges, die von keiner Philosophie mehr abgestützt ist.

In dem *Paysan de Paris* hat der frühe Aragon thematisiert, was unserer literaturkritischen Reflexion bis heute als Frage verblieben ist: »Werde ich mir lange das Gefühl für das täglich Wunderbare bewahren? Ich sehe wie jeder Mensch es verliert, der im Leben auf einer immer besser gepflasterten Straße dahinschreitet, mit wachsendem Wohlstand weltgewandter wird und für das Ungewöhnliche immer weniger Sinn hat, ihm kaum noch Beachtung schenkt.«[13]

So endet das »Vorwort Zu Einer Modernen Mythologie«. Aragon hat eher intuitiv als wirklich begründend dem beunruhigenden Faktum einer Wissenschaft, die zur Fußnote wurde und nicht mehr erfindet, mit einer Quasi-Poetisierung der Gesellschaft widersprochen:

»Die Sinne haben schließlich die Herrschaft über die Erde erlangt. Was soll da noch die Vernunft? Vernunft! Vernunft! o du abstraktes Phantom von gestern, ich hatte dich schon aus meinen Träumen verjagt, und jetzt wollen diese sich mit den Scheinrealitäten vermischen: es ist hier nur noch Platz für mich. Vergebens weist mich die Vernunft auf die Diktatur der Sinnlichkeit hin. Vergebens warnt sie mich vor dem Irrtum, der hier herrscht. Treten Sie ein, Madame, dieser mein

[12] Walter Benjamin, *Angelus Novus*. Ausgewählte Schriften. 2. Frankfurt 1966. S. 202 und S. 212f.

[13] Louis Aragon, *Pariser Landleben*. Deutsch von Rudolf Wittkopf, München. 1969. S. 14

Leib, er ist Ihr Thron. Ich hätschele meine Wahnvorstellung wie ein schönes Pferd. Falsche Dualität des Menschen, laß mich etwas über deine Täuschung nachsinnen.«[14]

Das ist trotz der schon erörterten materialistischen Einwände eine nicht überholte Definition der modernen Poesie geblieben. Daß sie ideologiekritisches Unbehagen auslöst, zeigt nur ihre Relevanz für den aufbrechenden Widerspruch von Begriff und Sinnlichkeit. Gewiß hat Benjamin Aragon kritisiert.

In einem instruktiven Nachwort zur deutschen Ausgabe des *Pariser Landlebens* schreibt Elisabeth Lenk: »Allerdings läßt Benjamins philosophische Tradition das surrealistisch-unbekümmerte Hin und Her zwischen Traum und Wachen nicht zu. Man darf die Straße nur in einer Richtung befahren. Ausdrücklich distanziert er sich von Aragon in der Passagenarbeit: ›Während Aragon im Traumbereich beharrt, soll hier die Konstellation des Erwachens gefunden werden‹.«[15] Es ist schon anläßlich Carl Einsteins Surrealismus-Kritik darauf abgehoben worden, daß ein Ausspielen von Zeitphasen zu nichts führt. Benjamin hat nicht beiläufig, sondern ausdrücklich den Surrealismus als die letzte Momentaufnahme der europäischen Intelligenz bezeichnet – man müßte hinzufügen »der bürgerlichen Intelligenz«. Wenn es aber richtig ist, daß die Literatur nach wie vor eine bürgerliche ist, dann dürften ihre Elemente und die Kriterien dafür nicht zurückfallen vor das, was dem Surrealismus als »letzter Momentaufnahme« gelang: nämlich vor ihr utopisch-imaginatives Vermögen. Ihr Ende wäre – als Beginn einer wirklich nachbürgerlichen Periode – nur als Ende von Literatur einsehbar.

»Imagination« als literarische Methode ist also durchaus eine Geistestätigkeit, die auch auf sekundäre Realität antwortet, in diesem Fall: auf Geschichte. Der imaginäre Prozeß setzt das sich selbst reflektierende historische Bewußtsein voraus. Und das wiederum ist entscheidend für die Kriterien der literarischen Kritik. Dem gegenüber drängt sich der Eindruck auf, daß nicht nur die neuere westdeutsche Literatur, sondern vornehmlich auch ihre Kritik ohne historisches Bewußtsein von sich selbst funktioniert. Ich erläutere diesen Eindruck an einem bekannten Beispiel: Warum ist *Die Blechtrommel*, Günter Grass' erster Roman, ein bedeutendes Buch, warum aber sein

[14] Ebda. S. 10f.
[15] Ebda., S. 263

Örtlich betäubt ein mißlungenes? Läßt man Peripheres (Form-probleme und die mit Erwartungen belastete Wiederholungssi-tuation) beiseite, müßte man wohl antworten: Weil in der *Blechtrommel* die stofflichen Details und der groteske Stil durchweg einer bestimmten historischen Reflexion – und sei sie auch noch so unmittelbar – entsprachen, sie geradezu aus-drückten, während dies Grass' vorletztem Buch ermangelt – paradoxerweise, muß man hinzufügen, denn an zeitgenös-sisch-historischem Stoff fehlt es ihm weiß Gott nicht.

Unter historischer Reflexion ist hier jene Erkenntnis zu verste-hen, die aus der jeweils geschilderten Roman-Zeit fließt, ge-brochen im Temperament des schreibenden Zeitbewußtseins. So leistete Grass' ursprünglich barocke Stilkraft sehr viel, um die dreißiger und vierziger Jahre in Deutschland zu begreifen, speziell aber den deutschen Faschismus und sein mythologisie-rendes Selbstverständnis. Wohingegen der überanstrengte, ähnlich mythologisierende Tonfall des vorletzten Buches jen-seits jeden Begriffs blieb, auf den das Thema – revoltierende Linksjugend, resignierende Liberale – zu bringen gewesen wäre. Die Wut des Details, die naturgetreu ausgebildete Szene-rie, die notorische »Authentizität«, alles ist da. Aber es fehlt die Dimension des historischen Sinns. Grass' Reaktionen auf kritische Stimmen zeigen, daß er den eigentlichen Einwand wohl nicht verstand, zumal er nicht klar geäußert wurde: Ge-schichte, Zeit, Erkenntnis von beidem, verkam hier zur Anek-dote, zur fast rührseligen Moritat. Ein immenses Aufgebot an formaler Innovation und ein Nichts an politisch-historischer Erkenntnis hielten sich die Waage.

Daß dies so war, ist gewiß keine nur individuelle Schwäche des Künstlers Günter Grass. Der Fall ist zu verallgemeinern: Walsers, Frischs, Lenz', ja selbst Bölls und Johnsons letzte Bü-cher kämen alle in Schwierigkeiten, setzte man sie endlich, wie längst überfällig, der Frage nach ihrer zeitreflektierenden In-telligenz aus. Wäre man nur bereit, von Erzähltechnik und Schreibproblemen einmal abzusehen, jedenfalls für einen Augenblick! Dann fiele auf, daß gerade der realistische, durch-weg die westdeutsche Nachkriegsära behandelnde Roman, der bestückt ist mit zeitgeschichtlichem Stoff, die angedeutete Qualität von Zeit-Reflexion nicht mehr besitzt.

Das große Gegenbeispiel war einmal Arno Schmidt. Warum? Weil hier die technische und stilistische Innovation ganz im

Dienste der historischen Imagination stand. Arno Schmidt besaß nicht einfach eine souveräne Technik. Souverän war seine ideologische Verfügung über die Geschichte, unabhängig von dem impliziten politischen Sinn. Hier erreichte entdeckerische Phantasie, was früheren Zeit-Romanen gelungen war, beispielhaft etwa Musils *Mann ohne Eigenschaften*. Je mehr man aber, wie verschämt auch immer, die Fiktion realer Personen aufrechterhält, die kleinste Haarwurzel, das feinste Blättchen nachzuzeichnen versucht und damit durchaus dem Ruf eines frustrierten Publikums »nach wirklichem Leben« entspricht – das Resultat nimmt sich oft aus wie die Szene eines Wachsfigurenkabinetts: je »authentischer« und »glaubwürdiger« die Details, um so geringer die Wahrheit des Ganzen, weil das erzählte Detail keinen historischen Stellenwert mehr hat. Oft scheint es so zu sein, als ob die Zeit sich in puren Raum verwandelt hätte: Wir sehen eine Fülle von zweidimensional behandelten Faktoren, aber keine Perspektive auf die dritte Dimension mehr. Es geht also nicht um Entwicklung von Techniken, sondern um historischen Sinn – Historie nicht als Stoff, sondern als Anschauungskategorie. Aber wie? Aus dem Nichts, als voluntaristischer Akt ohne Kontext? Erinnerlich ist vielleicht noch Celines metaphorisch wetterleuchtender Untergangsroman *Norden* vom Zusammenbruch der faschistischen Epoche, der mit zehnjähriger Verspätung 1969 deutsch erschien. Das war eine Sprache, die wie ein verspäteter Zeitzünder wirkte. Konnte solch ein entdeckerisches Pathos überhaupt noch unsere Wahrnehmungsgepflogenheiten erreichen, da der analytische Zeitgeist keine Wörter, vor allem keine Empfindung mehr dafür hat?
Es ist wichtig für das rechte Verständnis dieser Argumentation, daß es hier nicht um Vorwürfe, etwa kulturkritische, gehen kann. Es gilt nur auf einen Zustand aufmerksam zu machen, der in Westdeutschland extrem ausgebildet ist, vielleicht hier sogar eine geschichtlose Neutralität bekommen hat, als historisches Resultat des Zusammenbruchs 1945. Das ist auch erkannt und sehr genau analysiert worden, zumal das literarische Äquivalent dieses Zustandes, der vorwärtsgetriebene Sprach-Formalismus, einer geschichtsneutralen Avantgarde den Anlaß bot. Unter dem treffenden Titel »Muster ohne Wert: Westdeutschland 1965« schrieb Karl Markus Michel in seinem zuerst 1968 veröffentlichten Essay »Die sprachlose Intelligenz« anläßlich einer textkritischen Selbstauslegung Heißenbüttels:

»Auskünfte solcher Art legen die Diagnose ›Wohlstandsliteratur‹ nahe: hier wird keinem ein Haar gekrümmt; es wird nicht einmal ›angeprangert‹ und ›überführt‹, sondern abseits der Mißstände Kritik geübt, inmitten der Schlagworte Ausdruck gewonnen – für wen, wozu? Um der Sprache willen, lautet die Antwort (›es geht um die Sprache‹: so rechtfertigten auch die Mitglieder des Berliner Wahlkontors ihre Formulierungshilfe für die SPD). Sprache gilt als ein Letztes . . .
Es dreht sich, was die literarische Avantgarde in Westdeutschland betrifft, unentwegt um *Finnegans Wake*, streift Dadaismus, serielle Musik, informelle Malerei, beruft sich ad libitum auf Beckett, Pound, Kafka (lieber noch auf Robert Walser) und baut unversehens Mauern zwischen Sprache qua Material der Literatur und Sprache qua gesellschaftliches Verkehrsmittel, weil die eine zwar erlöst wird, die andere aber verderbt bleibt. Vom Sprachlabor führt kein Weg zurück.«[16]

Diese Analyse der späten sechziger Jahre wurde deshalb so ausführlich zitiert, weil hier die literarische Avantgarde selbst das kritische Stichwort lieferte: die Verabsolutierung der Sprache. Mußte das nicht einer solchen Avantgarde um so problematischer erscheinen, je politischer sie gleichzeitig wurde? Ich wäre mit dieser Konsequenz einig, wenn sie nicht nur festgemacht worden wäre an einem letztlich auf »Engagement« hinauslaufenden, historisch überholten Begriff von Literatur, zum andern die Avantgarde ihrerseits verabschiedet, weil nach Beckett nichts mehr möglich sei. Angesichts der Erfahrungen mit einem neuen Voluntarismus sowie mit der materialistischen Geschichtsbetrachtung in der marxistischen Renaissance seit 1967 erscheint der von Michel verworfene Rückzug auf die Sprache endgültig erledigt, die gleichzeitige Denunziation von Literatur schlechthin jedoch eher widerlegt. Gerade die eschatologischen Bedürfnisse der Jahre 67 bis heute haben auch für die Erwartung, wie Literatur sein könnte, sein müßte, neue Folgen gehabt. In diesem Sinne ist auch der Hinweis auf das surrealistische Konzept und seine Anwendung durch Walter Benjamin zu verstehen. Soviel scheint sicher: Das Sprachlabor hat vorerst keine Arbeit, die historische Reflexion dagegen braucht Stoff.
Wie weit dieser Sprachformalismus inzwischen heruntergekommen ist, weitgehend nicht thematisiert von der Kritik, das beschreibt Hartmut Lange folgendermaßen: »Das Resultat ist wie in der sonstigen Warenproduktion eine Verblödung der

---

[16] K. M. Michel, *Die sprachlose Intelligenz*, Frankfurt 1969, S. 66f. u. S. 68

sinnlichen und begrifflichen Landschaft vom Konsumenten aufwärts bis hin zum Produzenten, die sich vor allem in der Verelendung der Produkte zeigt: Die Technik verfällt, die Substanz der Mitteilung schrumpft, über das Vakuum wird gewitzelt, wie überhaupt der größte Teil der aktuellen Markenliteratur seine Substanzlosigkeit als Ironie drapiert.«[17] Nicht von ungefähr haben deshalb Prosawerke aus dem Osten eine besondere Anziehungskraft für den westlichen Leser, nicht nur um des immer bereit liegenden politischen Skandals willen. Es ist eher die Erwartung, daß von dort stellvertretend das historische Ereignis in die Spannung zum historischen Subjekt gerät. Das scheint so zu sein im Falle Alexander Solschenizyn, auch im Falle des Rumänen Paul Goma. Das zeigt sich bei einigen Lateinamerikanern und ist selbst am Beispiel nordamerikanischer Literatur zu erhärten. Bei westdeutschen Autoren hingegen ist die dort wirksame historische Reflexion nur bei den utopisch motivierten Schriftstellern zu entdecken – und das sind wenige. Vor dem Kriterium »Reflexion der Zeit« unterscheidet sich im übrigen der Hoch-Autor nicht mehr von dem Popular-Autor. Die Hersteller von Bestseller-Listen zögerten deshalb nicht, unter der Abteilung Belletristik etwa dem Spitzenreiter von 1971, Heinrich Böll, die Autoren Segal, Knef, Fernau, Simmel folgen zu lassen, statt dafür eine besondere Abteilung einzurichten. Unterschiede bestehen nur noch in der Stilqualität, in einigen intellektuellen Standards. Man könnte es vielleicht so ausdrücken: Der literarische Autor leistet noch immer mehr Information als der bloße Bestseller. Aber genau diese Information leisten Schulfunk, Wissenschaft und Massenmedien auch. Information kann weder entscheidende noch unterscheidende Eigenschaft literarischer Arbeit sein (zu der sie neuerdings häufig gemacht wird).

Damit kehren wir zurück zu der Frage nach den Kriterien der Kritik. Anläßlich der seinerzeit zwiespältigen und für unsere Frage repräsentativen Kritik von Grass' Roman *Örtlich betäubt* fiel auf, daß stilistische, kompositorische, auch einige vordergründig ideologiekritische Einwände erhoben wurden. Das eigentliche Defizit, die verschwindende Historizität wurde, soweit ich sehe, nicht diskutiert. Ein Blick auf die Selbstdarstellungen der einflußreichsten westdeutschen Kritiker erklärt das.

[17] »Konkret«, 23. März 1972, S. 51

Wie der Literatur, so fehlt auch der Kritik bisher jeder utopische Ansatz – also das, was ein tertium comparationis sein könnte. Dieser Zustand ist keinesfalls selbstverständlich. Das utopische Moment war sehr lange gerade der Kritik eigentümlich, von der Frühromantik bis zur Mitte dieses Jahrhunderts: Friedrich Schlegels Begriff der »Neuen Zeit«, Novalis' Forderung nach einer »Universal-Poesie«, Schillers Konzeption einer »Ästhetischen Erziehung des Menschen«, der eschatologische Umgang mit dem Wort »Zukunft« seitens der Wortführer des Realismus (der Gebrüder Hardt), das Zerstörungsmotiv der Surrealisten, Brechts Kriterium der »Wahrheit«, die philosophisch-engagierte Diagnostik des Existentialismus im ersten Nachkriegsjahrzehnt – sie alle enthalten unabhängig von ihren unterschiedlichen, ja widersprüchlichen gedanklichen Standorten solche utopischen Motive selbst dann noch, wenn die universalhistorische bzw. eschatologische Perspektive endgültig aufgegeben war. Der Begriff »Zukunft« ist ausgesprochen und unausgesprochen all diesen verschiedenen Phasen literarischer Kritik eigentümlich. Selbst der Formalismus des amerikanischen »New Criticism« besaß davon etwas; und das Wegschrumpfen des historischen Sinns zeigt sich gerade auch in der gegenwärtigen Rolle der »klassischen Moderne«, bzw. ihrer Rezeption: Diese Modernen, also Joyce, Proust, Virginia Woolf, Henry James, wurden in den fünfziger Jahren noch in einem Akt historischer Vergewisserung wahrgenommen. Sie wurden emphatisch nachgeholt als eine Art unbewältigter literarischer Vergangenheit. Zunehmend parzellierte man sie aber in ihre analytischen Merkmale, die als »innerer Monolog«, als »Bewußtseinsstrom« etc. mehr oder weniger zu technischen Schreibvorschriften denaturierten. In ihrer Reduktion auf Sprache verlor die klassische Moderne ihren alten historischen Stellenwert.

Es kann sich hier nicht darum handeln, den utopisch-historischen Kern der überlieferten Kritik inhaltlich festzumachen. Was man sich klarmachen sollte, ist vielmehr die Perzeptionsform selbst. Es gibt kein historisches Material, auf das man sich als ein zeitlos Verpflichtendes zu beziehen hätte. Gleichwohl gibt es etwa in Friedrich Schlegels Literaturkritik konkrete Hinweise auf das hier Gemeinte. In seinem 1804 veröffentlichten Aufsatz »Vom kombinatorischen Geist« wird eben jenes Krisenbewußtsein angesprochen, das über die rein ästhetische Reflexion hinausgeht und das »Organon einer noch zu vollendenden, zu bildenden, ja anzufangenden Literatur« abgeben könnte. Man muß die historischen Bedingungen prüfen, um »die produzierende Kraft zu erregen, zu prüfen, zu nähren«. Daß diese utopische Perspektive Schlegels (und auch Novalis') dialektisch zusammenhängt mit seiner Distanz zur wirklichen, materiell-ökonomischen Veränderung seiner Zeit, der Französischen Revolution, ist gewiß aufschlußreich für das Verhältnis von utopischem Denken und politischer Revolution überhaupt. Das ist schon am Beispiel William Blakes deutlich geworden. Der Markt, die Folge der zum Sieg gekommenen Bourgeoisie, hat als Gegenentwurf die Utopie provoziert.[18] Ihr illusionistischer Charakter[19] erledigt noch nicht ihre hier dargelegte Funktion.

Diese Überlegungen gingen von zwei Argumenten aus: 1. Das utopische Element ist konstitutiv für Fiktion. 2. Historisches Bewußtsein erst ermöglicht es. Beide stehen im Verhältnis einer Interdependenz zueinander. Historisches Material wurde herangezogen, um die diskutierte These zu erläutern. Sie ist aber auch unabhängig vom Beispiel zu formulieren, und zwar von der axiomatischen Bestimmung her, wonach Fiktion jener Prozeß ist, der entsteht, wenn sich das imaginative Subjekt von den wahrgenommenen Objekten entfernt oder ihnen nähert. Um diesen Prozeß zu erkennen, wird der Kritiker nicht nur literaturimmanent urteilen können, die Objektwelt selbst drängt sich ihm auf. Er wird ohne den Ansatz einer gesellschaftskritischen Theorie nicht weiterkommen.

Brecht schrieb: »Über literarische Formen muß man die Realität befragen, nicht die Ästhetik, auch nicht den Realismus.« Insofern ist der marxistische Interpret dem bürgerlichen überlegen – dann nämlich, wenn seine Kritik nicht durch einen dogmatischen Realitäts-Begriff eingeengt ist. Walter Benjamin bleibt hier das große Beispiel, gerade auch in seiner Auseinandersetzung mit Brecht über den Sinn der eigenen Baudelaire-Exegese. Der Kritiker wird sich also auch nicht den Objekten allein deckungsgleich nähern dürfen, weil dann die imaginativen Merkmale aus seiner Perspektive geraten. Danach zu fra-

---

[18] Vgl. hierzu Raynold Williams, *Gesellschaftstheorie als Begriffsgeschichte*. Studien zur historischen Semantik von »Kultur«. München 1972.
[19] Vgl. Christopher Caudwell, *Bürgerliche Illusion und Wirklichkeit*. Beiträge zur materialistischen Ästhetik. München 1971

gen, wie ausführlich geschehen, ob Heinrich Bölls letzter Roman »dokumentarische« Qualitäten besitzt, ob der Autor »recherchiert« hat – das ist perspektivisch falsch, nämlich beim Anspruch eines solchen Buches deshalb kein Argument, weil eine positive Antwort dem Autor nichts anderes bescheinigen könnte als einer guten Reportage auch. Das kritische Problem, der prozeßartig verlaufende Positionswechsel des Subjekts, bleibt bei einer solchen Fragestellung unberührt. Das Beispiel belegt besonders gut, wie die dokumentarische Phase der Kritik – einst anläßlich Alexander Kluges Buch *Lebensläufe* gerade hinsichtlich des Imaginationsproblems von hoher Reflexion – inzwischen formalistisch entwertet wurde. Aber auch eine neue Hinwendung zu historischem Material – die utopischen Versuche bleiben notwendigerweise vereinzelte Anstrengungen – hat bisher kein historisches Bewußtsein gezeigt. Die Tabuschwelle ist offenbar zu stark, als daß sie mit Hilfe des puren Stoffs überschritten werden könnte. Es bedarf der Bewußtheit, die bei den erörterten utopischen Versuchen anwesend ist.

III. Der Lauf des Freitag

1. Die Entdeckung

Es war soweit. Der Augenblick war da. Obwohl Robinson auf ihn vorbereitet war, ihn erwartet, geplant und seinen Verlauf en detail im Geiste vorweggenommen hatte, ereignete sich das Erwartete unerwartet. Es zerfiel wie immer bei ihm sofort in viele einzelne Wahrnehmungsfragmente, nachdem er es als Ganzes und Kontinuierliches zuvor gedacht hatte, auch dieses immer wieder in Teile verlierend: Anderthalb Jahre der Pläne hatte er hinter sich, aber das Geplante verkürzte sich dann doch zur Perspektive eines Morgens: Die Wilden hatten das Feuer angezündet und tanzten. Die beiden Gefangenen warteten. Robinson blieb ratlos, ungeduldig. Er hatte auch Freitag geplant. Er hatte geträumt, daß plötzlich bei einem der seltenen kannibalischen Feste das Opfer ausbreche, um sein Leben renne und sein Diener würde, damit er mit seiner Hilfe der Insel entkomme.

Es war nun soweit, und nichts anderes als die Realisierung eines Plans, den er selbst entworfen hatte, der Plan seiner eigenen Flucht aus der langen Einsamkeit dieser Insel, wollte erfüllt werden; Freitag – so würde er ihn nennen, weil in dieser Eintönigkeit von Zeit nur Zahlen, die Zahl von Tag und Jahr, das ist die Antizipation der Zukunft, überleben läßt – rannte in diesem Augenblick ohne solche abstrakte Hilfe, nur vom Instinkt der überlebenwollenden Natur geleitet, um sein Leben. Er rannte mit großer Schnelligkeit den Strand entlang genau auf die Stelle hin, von der aus Robinson ihn mit dem Perspektiv beobachtete. Aber Robinson erschrak furchtbar, als er das merkte. Wohl hatte der Plan enthalten, wie der Traum es versprach, daß Freitag auf das rettende Gehölz vor Robinsons Palisadenfeste zulaufen würde, aber er hatte auch enthalten, daß der Fluchtlauf nicht Verfolger auf die Spur Robinsons brächte, die ihn entdeckten und, in großer Überzahl, töteten. Deshalb erschrak Robinson so furchtbar, faßte aber gleich wieder Mut, denn schon wieder hatte sich das seinem Augenblick Anbietende geändert.

Der blinde Augenblick und die Bedingungen des Wahrnehmens

Das war der Modus seines Wahrnehmens, seit das Meer ihn vor vielen Jahren an Land gespült hatte: Die lange Zeit war in lauter Augenblicke zerfallen von wenig Kohärenz, von großer Widersprüchlichkeit. So wie er soeben in wenigen Sekunden Furcht und ihr Gegenteil empfunden hatte, so war es die ganzen Jahre gewesen: So lange er, gerade des Überlebens froh, von dieser Widerspruchswahrnehmung zu jener stolperte, hatten die einzelnen Gegenstände, ob sie ihn nun zur Furcht oder Freude trieben, etwas letztlich Tröstendes gehabt. Sie blieben der kontinuierlichen Reflexion entzogen und machten aus der langen Zeit-Linie des schweren Überlebens lauter Ereignis-Punkte, die Einbildungskraft auf das jeweils Besondere konzentrierend und vom Allgemeinen seiner Lage immer wieder ablenkend. Nicht, daß Robinson ein leichtsinniges Temperament gehabt hätte, auch wenn er sich selbst dessen von Zeit zu Zeit in regelmäßigen Abständen anklagte, bevor er mit Gott nicht in frömmelnder, sondern für ihn nützlicher Weise ins klare kam. Vielmehr lag es in der Natur der Dinge selbst, daß er ihnen so widersprüchliche Gefühle abgewann – was ihm aber gerade das Leben rettete, wie wir sehen werden.

Dieses Glück im Unglück, diese den Dingen ausgelieferte und sich von den Dingen lösende Raschheit der Impulse, wurde zum ersten Mal auf eine harte Probe gestellt, als Robinsons Warten auf Freitag begann, als er, ähnlich unvorbereitet vorbereitet wie auf die Schrecken dieses Morgens, jene Entdeckung machte, die seitdem seine einsamen Reflexionen monoton wieder und wieder in Anspruch nahm:

»Eines Tages, da ich gegen Mittag zu meinem Boot ging, gewahrte ich zu meiner größten Bestürzung am Strand den Abdruck eines nackten, menschlichen Fußes, der im Sand ganz deutlich zu sehen war. Ich stand da wie vom Donner gerührt, oder als hätte ich ein Gespenst gesehen. Ich horchte, ich blickte um mich, aber es war nichts zu hören noch zu sehen. Ich stieg auf eine Erhöhung, um weiter zu sehen, ich ging den Strand auf und ab, aber es war umsonst, ich sah nichts, als nur diese eine Spur.«[1]

---

[1] Daniel Defoe, *Robinson Crusoe*, in: *Romane*. Erster Band. Hrsg. v. Norbert Miller, München 1968, S. 153

Wenn das eine mit einem anderen nicht verglichen werden kann, dann fehlt die Möglichkeit zu unterscheiden und richtig zu beurteilen. Das eine entzieht sich dann jedem Bezugssystem und wird zur bloßen Sensation für die Empfindung, geht als Objekt zur Beurteilung verloren.[2] So hier und mehr als das. Es war ein Höhepunkt der Sensation und gleichzeitig zögerndes Antizipieren.

Es war schon vorweg darauf verwiesen worden, daß Robinson bis zu dem Zeitpunkt, als er die unbekannte Fußspur entdeckte, die Insel in eine Fülle einzelner Anblicke und Augenblicke zerlegte, die er nur als Empfindender, nicht als Urteilender wahrnahm. Aber damals enthielt der fehlende Zusammenhang einen Trost. Den Trost des immer neu Auftauchenden und immer Vergeßbaren. Das hatte sich plötzlich geändert. Robinson hatte wiederum etwas Einzelnes entdeckt, aber dessen besondere Eigentümlichkeit bestand darin, daß er es nie mehr vergessen konnte. Bis zu dem Augenblick, an dem er so angespannt Freitags vorhergesehenen und doch so plötzlich eingetretenen Lauf mit dem Fernglas verfolgte, hatte er den Anblick des »nackten menschlichen Fußes, der im Sand ganz deutlich zu sehen war«, nicht mehr vergessen. Er sah nur noch diese eine Spur, die er an einem Mittag entdeckte, als er zu seinem Boot wollte, mit dem er Erkundungsfahrten um die Insel herum unternahm. Erst eigentlich mit dieser Entdeckung begann die Geschichte seiner Isolation, denn erst seit dieser Entdeckung wurde sein Nachdenken, also sein Denken überhaupt, kontinuierlicher, auch wenn es wieder in Augenblicke zerfiel.

Robinson steht von Beginn an in einem geschlossenen Handlungssystem von entdeckenden Wahrnehmungen. Die Entdeckung der Fußspur ist nur die folgenschwerste, weil sie Zukunft schafft, weil sie den Rettungslauf des Freitags ankündigt unter den vielen anderen alltäglichen Entdeckungen, angefangen mit der wichtigsten, nämlich dem zerborstenen Schiffswrack, das ihm alles zum Überleben Wichtige bereithielt, bis zu den eher peripheren Entdeckungen, etwa der eines Papageies. Am Anfang stand, daß Robinson, wenn auch unfreiwillig, diese Insel, die ihn gefangenhielt, entdeckt hat. Die plötzlich gefundene Fußspur enthält demnach zwei Merkmale, die sie von den anderen vorangegangenen Funden unterscheidet:

[2] Vgl. hierzu Jean-Jacques Rousseau, *Emile oder über die Erziehung.* Hrsg. v. Heinrich Campe. Braunschweig 1789. 4. Buch, S. 39

Was die Fußspur bedeutet

1. Die Fußspur selbst ist ein Topos für eine unbekannte Botschaft, die es zu entziffern gilt. Spätestens an dieser Stelle wird der moderne Leser mit einer archetypischen Erfahrung konfrontiert, die stellvertretend für die Anziehungskraft und Bedeutung des ganzen Romans steht. Die Fußspur besetzt im Zeichensystem des Abenteuer-(Kriminal- und Indianer-)Romans seit dem 19. Jahrhundert eine hervorragende Stelle, weil sie mehrfaches vermittelt: Strukturell ist sie immer ein den weiteren narrativen Handlungsverlauf determinierender Organisationspunkt, materiell bedeutet die Fußspur soviel wie symbolischer Hinweis, Wink, Rätsel.[3] Für die Rezeptionsgeschichte des Topos Fußspur wesentlich ist, daß er über die strukturelle und symbolische Qualität hinaus eine kulturkritische Mitteilung enthält: Fußspur ist für den großstädtischen Leser nur etwas Vorstellbares, nicht mehr Erfahrbares – es sei denn, er ist Strandtourist und dort gibt es nicht nur eine Fußspur, sondern sehr viele. Der Schuh des städtischen Lesers drückt sich nicht im Pflaster der modernen Stadt ab.

Er hinterläßt nicht die Verdoppelung – denn das bedeutet es ja – seiner selbst oder eines Teils von sich. Insofern antwortet dieses literarische Motiv überall dort, wo es in neueren Romanen auftauchte, dem emotionellen Bedürfnis nach eigentlicher, der Natur direkt entstammender Erfahrung. Dieses Motiv beschließt in sich eine vage, zivilisationskritische Mythe, die *Robinson Crusoe* als Ganzes bedeutet.

2. Indem die Fußspur ihre Herkunft zunächst nicht preisgibt, impliziert sie die Reaktion des Entdeckens, Entschlüsselns. Es ist gesagt worden, daß diese Szene in einem System entdeckerischer Erfahrungen steht: das heißt nicht nur strukturell innerhalb der Roman-Zeit, sondern auch die Zeit charakterisierend, in der dieser Roman spielt: Am Anfang eines britischen Zeitalters der Entdeckungsfahrten ist Robinson Crusoe der Schiffbrüchige als Entdecker. Er wird nicht aufhören die Insel, an die er geschleudert wurde, entdeckend, notgedrungen voll Neugier, zu durchstreifen und zu umfahren. So vermittelt die gefundene Fußspur in nuce eben jene illusionistische, aber nicht

---

[3] Die Spur des menschlichen Fußes ist kein vorher belegbarer literarischer Topos, den Defoe in dieser Anwendungsform vorfand. Vielmehr ist sie seine eigene Erfindung, induktiv entwickelt aus dem Geist und den Bedingungen der Epoche.

verschwindende Hoffnung des Lesers auf unentdecktes Land. An dieser Stelle soll daher die erste von verschiedenen Überlegungen zum mythologischen Charakter von Robinsons Figur angestellt werden, und zwar über den Aspekt, der unmittelbar mit den beiden genannten Qualitäten des Fußspurmotivs zusammenhängt: Wenn in einer literarischen Anzeige über einen modernen, schon zur Klassizität gekommenen Schriftsteller ein zeitgenössischer Autor zum Werk des anderen mit dem Satz zitiert wird: »Ich habe die Bücher mit großem Staunen und immer mehr Neugier gelesen«, dann befällt einen, sofern man sich kontrolliert und nicht der Suggestion unterliegt, die in diesem Satz steckt, der Gedanke, daß hier etwas grundsätzlich nicht stimmt: das Versprechen auf etwas, das unser Staunen und unsere Neugier in beschriebenem Maße fordere. Hier ist die bekannte moderne Sehnsucht nach dem noch Verschlossenen angesprochen, das nach Entschlüsselung verlangt, nach dem, das eine unendliche Befriedigung der Neugier verspricht, wenn man erst seinen Schlüssel gefunden hat. Das ist die Hoffnung auf das nicht Berechenbare, die Hoffnung nach Entdekkerfreuden, die nie ein Ende finden. So wie es dem Adressaten dieses Werbetextes gehen soll, so ergeht es wahrscheinlich manchem, der Robinson Crusoe ganz richtig im Zusammenhang eines reaktivierbaren literarischen Mythos denkt: des Mythos von der unentdeckten Welt.[4] Dieser Mythos muß um so stärker aktivierbar sein, je mehr die sinnliche Erfahrung des Entdeckens real schwindet und wirkliche Ereignisse der Ereignislosigkeit bzw. dem nur noch vermittelten Ereignis gewichen sind. Der englische Anglist Ian Watt hat in einer der wichtigsten historischen Untersuchungen, die zu Defoes *Robinson Crusoe* erschienen sind, auf die Ersatzfunktion aufmerksam gemacht, die der Roman seit dem 17. Jahrhundert in einer Gesellschaft bekam, deren Mitglieder ihre eigene Arbeit nur noch als funktionalistisch empfinden konnten.[5]

[4] Es gibt relativ wenige zeitgenössische Beispiele für solche Reaktivierung des Robinson-Themas: Buñuels 1953 gedrehter Film, in dem wohl ein kulturkritischer Rollentausch zwischen Freitag und Robinson beabsichtigt ist. Außerdem: Michel Tourniers 1967 erschienener, ebenfalls kultur-kritisch-utopischer Roman *Freitag oder Im Schoß des Pazifik*. Schließlich der Fernsehversuch des englischen Lyrikers Adrian Mitchell *The Man Friday*. 1972

[5] Vgl. Ian Watt, *The Rise of the novel*, London 1957; deutsch: *Robinson Crusoe, Individualismus und der Roman*; in: Englische Literatur von Morus bis Sterne. Interpretationen 7. Frankfurt a. M. 1970, S. 238

Anthropologisches Identifizieren

In diesem Licht ist Robinson Crusoe unter den fünf, sechs europäischen Literaturmythen, also Faust, Don Quichote, Hamlet, Don Juan derjenige, an dessen Beispiel sich zur Zeit, wie zu zeigen sein wird, besonders gut eine Beziehung herstellen läßt. Die erste Erkenntnis, wie mit dem literarischen Mythos beziehungsvoll umzugehen ist, lautet aber: Die literarische Suggestion, in diesem Fall ist es die entdeckte Fußspur und ihr Assoziationsbereich, bleibt im Metaphorischen stecken, sofern man sie nicht auf mehr als eben ihre wirkliche Repräsentanz hin untersucht. Im andern Falle, eben der bloßen literarischen Suggestion, wird nur die der schönen Literatur eigentümliche Illusionstendenz bis hin zum Klischee in Anspruch genommen. Das bedeutet hier: Der falsche Gedanke, Robinsons Schicksal als entdeckerischer Überlebender verbürge so etwas wie ein anthropologisches Symbol, das immer wieder neu zitierbar sei. Andererseits: Die Reaktivierung eines literarischen Mythos beinhaltet immer, daß sich selbst eine rein fiktive Größe als Beziehungsfigur und als ein Argumentationsmodell für eine anthropologische Identifikation hier und jetzt einsetzen läßt.

Dies ist nicht wegzudisputieren; klassische Dramen und moderne Romane sind nur dadurch noch vorhanden, weil Leser und Zuschauer eben solche Beziehungsmechanismen nach wie vor herstellen. Wo sie sich nicht herstellen lassen, ist das Angebotene nach einem Jahr vergessen. Auch ist die Leseerfahrung als eine imaginative Tätigkeit weiterhin positiv zu unterscheiden von eben derjenigen Haltung, die das Imaginierte an die Stelle von verloren gegangener Realität setzt und von dort aus argumentiert. Die falsche anthropologische Inanspruchnahme der Kunst gegenüber dem, was wir sozial und politisch wirklich erfahren können, entläßt Kunst nicht aus ihrer Bedingung: sich beziehen lassen zu müssen, auch außerhalb ihres immanent definierbaren artistischen Zeichen-Zusammenhangs. Diese Bedingung ist aus der literarischen Praxis Brechts gewiß einsehbarer abzuleiten als etwa aus der existentialischen Literatur. Aber nicht deshalb, weil das schwächere Beispiel, das existentialische das literarisch schwächere wäre, sondern weil es das intellektuell schwächere geworden ist. Seine Schwäche liegt darin, daß bei ihm die anthropologische Aussage eben »existentialistisch«

verengt bleibt, gegenüber der objektiveren Leistung der Brecht'schen Erkenntnis.

Dieser kurze Exkurs war notwendig, um von Beginn an den möglichen literaturimmanenten Trugschluß zu korrigieren, der literarische Mythos sei ohnehin nicht mehr reaktivierbar. Das Gegenteil ist wahrscheinlicher: Man wird die Relevanz literarischen Sprechens auch daran messen können, inwiefern und wie es mythenbildend funktioniert. Weniger anstößig ausgedrückt: inwiefern es den Ansatz einer historisch bewußten Utopie enthält. Vielleicht läßt es sich so eindeutig klarstellen: Indem der literarische Mythos objektiv anwendbar wird, nämlich dort, wo er nicht bloß zur Ideologie erstarrt, psychologisch als Lebenslüge funktionierend, dort erscheint er als historisch bewußte Utopie.

Defoes *Robinson Crusoe* ist ein literarischer Mythos, einer, mit dem sich, wie fast immer, beides anstellen läßt: Man kann ihn rein ideologisch benutzen, man kann ihn aber auch utopisch weiterdenken. Während des Blicks auf die rein ideologischen Aspekte des Robinson-Mythos, läßt sich für das Weitere dieser Erörterung jetzt schon festhalten: Ideologische Benutzung des literarischen Mythos rekurriert vornehmlich immer auf das moralisch-inhaltlich Angebotene von der Art wie: Der Mensch ist ein entdeckendes Wesen. Diese Aussage ist eine Forderung, losgelöst von der Beobachtung unserer Möglichkeiten und heutigen Bedingungen. Sie wird so zur reinen Fiktion. Die utopische Anwendung ergibt sich dagegen eher aus dem Erforschen unserer erkenntnistheoretischen Möglichkeiten und emotionellen Bestimmungen. Dann hieße der gleiche Satz über das Entdecken: Manchmal entdeckt der Mensch etwas.

Das Robinson-Thema, auf die in ihm enthaltene Utopie befragt, muß damit beginnen, die in ihm auch enthaltene Illusion von Beginn an zu erkennen. Über die Geschichte dieser Illusion wird noch zu reden sein. Das Beispiel der Fußspur gibt Gelegenheit, ihre Ursache nicht phänomenologisch zu verrätseln, sondern sie von den menschlichen Wahrnehmungsbedingungen her interessant zu machen: den Wahrnehmungsbedingungen des irritierten Subjekts, das nicht vergleichen kann und doch antizipieren muß. Denn wenn heute am literarischen Mythos des Robinson etwas interessant erscheint, dann ist es nicht mehr das angeführte zitierte Assoziationsfeld der Entdeckung als epischer Welterfahrung und des Abenteuererlebnisses, das den zur Arbeitsteilung gezwungenen, modernen Leser natürlich erquickt. Interessant vielmehr sind Robinsons viele Augenblicke. Die Bedingungen seiner Wahrnehmung ohne irgendeine Gewißheit.

Immer nur eines sehen

Robinson war beim Anblick des auf ihn zulaufenden Freitag tief erschrocken, aber wenige Sekunden danach hatte er wieder Mut gefaßt. Das war ihm vor Entdeckung der unbekannten Spur so gegangen, aber es verstärkte sich noch hinterher, so daß der Leser durch den Bericht des genauen Hergangs der sich an diesem Tage überstürzenden Ereignisse nicht überrascht sein kann und es nur auffallend ist, daß die bisherigen Interpreten diesem ständig aus der einen Welt in die andere Fallenden, diesem Dasein aus tausend widersprüchlichen Augenblicken nicht die Aufmerksamkeit geschenkt haben, die ihm zukommt, und zu sehr von den inhaltlich-stofflichen und motivgeschichtlich-historischen Problemen in Anspruch genommen waren, die interessant genug sind.[6]

Scheiden wir vorerst die später noch zu erörternde Frage aus, ob sich ein Mensch überhaupt so lange in solcher Isolation habe halten können, ohne physisch, zumindest aber psychisch zu sterben. Robinsons Überleben, seit dem Tag, an dem er die Fußspur fand, bis zu dem Tag, an dem er Freitag rettete, es ist die kritische Zeit der vorbereitenden Konzentration auf Freitag und deshalb auch das literarisch interessanteste Stück, erklärt sich jedenfalls aus eben dieser auffallenden Unruhe des Gemüts, wodurch er in einer Minute den entgegengesetzten Gefühlen ausgesetzt war: Paradoxerweise verhinderte diese Gemütsunruhe, daß der Schiffbrüchige, Jäger, Bauer, Handwerker, Kolonisator und Erzieher – alle diese Berufe füllte er aus – fixiert blieb auf Melancholie und selbstzerstörerische Verzweiflung, die jeden erfassen würde, der weniger extrovertiert, nicht nur an die äußeren Fakten gefesselt, wie Robinson

[6] Eine Ausnahme macht Norbert Miller, der die besonderen Umstände der Wahrnehmung andeutet: Robinson sei »blind vor der Zukunft« und oft fast »bewußtlos und stets nahsichtig auf die engste Umgebung konzentriert«, ein »Mann des Augenblicks, der unmittelbaren Entscheidung«. Es handele sich um eine Erzählung aus »tausend Einzelmomenten«. Siehe Norbert Miller »Daniel Defoe oder Die Wirklichkeit des Puritaners«. Einleitung zu Daniel Defoe. *Robinson Crusoe,* a.a.O., S. 28 ff.

es war, zu überleben versuchte. Es war keine Gemütsunruhe im Verstande einer sentimentalen Regung, denn keiner blieb kälter und unsentimentaler als Robinson. Es war vielmehr eine Gemütsunruhe, die sich aus einer eher mechanistischen Regung gegensätzlicher Kräfte des Bluts, des Herzens und des Gehirns ergab. Robinsons Denken nahm seinen jeweiligen Ausgang immer von der äußeren Welt. Der Prozeß seiner einzelnen Überlegungen, Argumente und Schlußfolgerungen hatte selbst etwas naturhaftes, war er eigentlich doch nie weiter als die Wirklichkeit selbst, als der jeweilige Wirklichkeitsausschnitt, der sich ihm gerade sinnlich anbot. Dieser retardierte Prozeß seiner Gedanken und Gefühle vollzieht sich fast analog zu den Meereswellen, die ihn an Land spülten. Auf den Strand seiner Insel geworfen, war er noch keineswegs gerettet, sondern kämpfte um jeden Meter Land gegen die See, die ihn zurückzureißen drohte. Dieser Sekundenstil der äußeren Ereignisse ist auch der Sekundenstil dieses Denkens:

»Die Welle, die jetzt über mich kam, begrub mich sofort 20 bis 30 Fuß tief in sich, und ich fühlte, daß ich mit großer Kraft und Geschwindigkeit eine sehr weite Strecke landeinwärts getrieben wurde; ich hielt den Atem an und bemühte mich nach besten Kräften, noch weiter vorwärts zu kommen. Eben, als ich vor Atemhalten am Bersten war, fühlte ich zu meiner großen Erleichterung, daß ich in die Höhe kam und Kopf und Hände schon aus dem Wasser waren; und ob ich mich gleich kaum zwei Sekunden so halten konnte, half es mir doch sehr und gab mir Atem und neuen Mut. Wieder wurde ich eine gute Weile im Wasser begraben, aber nicht allzu lange, so daß ichs aushielt; und sobald ich spürte, daß die Wasser sich verlaufen hatten und zurückzufluten begannen, stemmte ich mich mit aller Macht gegen die rückflutende Woge und fühlte wieder Grund unter den Füßen. Ich blieb ein paar Augenblicke reglos, um Luft zu schnappen und das Wasser von mir ablaufen zu lassen, dann gab ich Fersengeld und lief mit aller Kraft, die ich noch hatte, weiter landeinwärts. Allein auch dies rettete mich nicht vor dem Grimm der rasenden See, die sich von neuem auf mich stürzte und mich noch zweimal erfaßte und mit sich riß wie vorher, da der Strand an dieser Stelle sehr flach war.«[7]

So wie jede einzelne Welle Robinson den Boden unter den Füßen wieder wegreißt, so reißt jeder Augenblick Robinson aus der Kontinuität des Denkens und Urteilens. Denn Robinsons Denken ist buchstäblich vom nächsten Augenblick geleitet: Er sieht immer nur Eines, er nimmt immer nur Eines wahr,

[7] Defoe, a.a.O., S. 68f.

es ist immer nur der eine Gedanke eines kurzen, gegenwärtigen Wimpernschlags. Er ist ganz und gar ausgeliefert der Fähigkeit seiner Sekundensinne, was in Defoes detaillierter Beschreibung nicht oberflächlich oder gedankenlos wirkt, sondern umgekehrt eher einer konkreten Wahrheit verpflichtet, auch wenn diese nur für wenige Augenblicke stimmt. Seit Robinson den Abdruck des nackten, menschlichen Fußes erblickte, brauchte er bis zu dieser Stunde, in der er auf Freitag wartet, der ihm entgegenläuft, alle Zeit, um des schrecklichen Eindrucks emotionell und gedanklich Herr zu werden. Was er in der ersten Phase der Überlegungen an jenem Schreckenstag fühlte, das fühlt er auch für die Dauer der ganzen nachfolgenden Zeit:

»Ich trat wieder näher, um zu sehen, ob noch andere Spuren dabei wären, und um zu prüfen, ob ich mir das nicht alles eingebildet hätte. Aber für eine Einbildung war nicht Raum, denn da war der Fußtritt, ganz deutlich, Zehen, Fersen und alles übrige; wie der Mensch hierher kam, wußte ich nicht und konnte ich mir nicht im entferntesten vorstellen. Mit unzähligen, durcheinanderwirbelnden Gedanken, wie ein vollkommen verwirrter Mensch, ja außer mir selber, kam ich heim zu meiner Festung, ohne daß ich, wie man sagt, den Boden unter den Füßen gespürt hätte. Ich war zu Tode erschrocken, blickte mich alle zwei oder drei Schritte um, ließ mich von jedem Busch und Baum narren, vermutete hinter jedem Baumstumpf in der Entfernung einen Mann. Unmöglich zu beschreiben, in wie vielen verschiedenen Gestalten meine Einbildung mir die Dinge darstellte und wie viele wilde Ideen jeden Augenblick durch meinen Kopf schossen, und was für seltsame, verrückte Einfälle mir unterwegs in den Sinn kamen.«[8]

Robinson hat sich die Fußspur folgendermaßen erklärt: Während er aus Vernunftgründen zunächst glaubte, es sei der Teufel gewesen, weil sonst kein menschliches Wesen auf diese Insel gelangen könne, kam er bald auf die richtige Erklärung, es müßten Eingeborene gewesen sein. Er denkt über seine ständig wechselnden Einfälle selbst nach:

»Wie seltsam spielt doch die Vorsehung mit dem Leben des Menschen! Und von welchen geheimen, veränderlichen Quellen werden die Gefühle gelenkt, bald so, bald anders, je nachdem die Umstände sich ändern! Was wir heute lieben, hassen wir morgen; heute suchen wir, was wir morgen fliehen; heute begehren wir, was wir morgen fürchten, ja, bei dessen bloßer Vorstellung zittern wir schon.«[9]

[8] Ebda., S. 153 f.
[9] Ebda., S. 155

Tabelle vom Hin und Her der Gedanken

Würde Robinson nicht nur eine Tabelle über Soll und Haben seiner Lage aufgestellt haben, sondern hätte er über das geschilderte Hin und Her seiner Gefühle und Wahrnehmungen Tagebuch geführt, dann hätte dieses Tagebuch etwa folgende Daten enthalten müssen:

1. Entdeckung des »Abdrucks eines nackten, menschlichen Fußes«.
2. Reflexion über Herkunft der Spur: Wahn und Realität.
3. Das Thema Wilde/Die Furcht davor.
4. Neue Reflexion über mögliche Herkunft der Fußspur.
5. Wiederum Ausbrechen der Angst. Robinson verstärkt seine Burg, pflanzt zu seinem Schutz Gehölz an.
6. Widerstreitende Gefühle: nochmalige Erörterung, was die Fußspur wohl bedeutet.
7. Neue Entdeckung: die gräßlichen Überreste der auf der Insel gelandeten Kannibalen.
8. Inhalt der Reflexion: die teuflischen Kannibalen.
9. Robinsons erstmals gefaßter Plan: ein Opfer zu retten.
10. Wiederum Thema Wilde. Zum ersten Mal läßt Robinson ihren kannibalischen Sitten gegenüber Gerechtigkeit widerfahren: »ihr Gemüt macht ihnen keine Vorwürfe.« Kein Recht der Einmischung. Vergleicht dagegen die Kolonialmethoden der Spanier!
11. Neue Gemütsverfinsterung.
12. Erschrecken durch Ziegenbock: Angst und kalter Schweiß.
13. Dritte Entdeckung: Robinson erblickt den Widerschein des Feuers. Erste wirkliche Wahrnehmung von Kannibalen. Robinson erblickt neun nackte Wilde. Tiefste Bestürzung.
14. Abermalige Verwirrung des Gemüts.
15. Vierte Entdeckung: Knall einer Kanone. Schiffbruch eines fremden Schiffes. Wahrnehmung eines Wracks. Sehnsucht nach menschlichen Gefährten.
16. Weltweisheit und Reflexionen: Der Hund vom Schiff.
17. Nächtliche intensive Überlegungen über seine Lage: »Auf den großen Verkehrsstraßen der Gehirns.« Thematisierung von Wahrnehmung und begrenztem Wissen.
18. Nochmals Thema Wilde: besessen von dem einen Gedanken, sich von dieser Insel zu befreien.

19. Robinsons antizipierender Traum: Er träumt von einem Opfer der Kannibalen, das er befreit.
20. Endgültiges Eintreffen Freitags: Der Lauf des Freitag. Ende von Robinsons Reflexionen. Die reine Handlung beginnt.

Diese Tabelle, die etwa den Inhalt eines Fünftels des ganzen Romans enthält, gibt eine Übersicht über die ganz ungewöhnliche Konzentration einer Romanhandlung auf das immer gleiche, sich immer Wiederholende: auf Entdeckungen und die widerstreitenden geistigen Reaktionen darauf, sei es nun Reflexion oder Angst. Der Entdeckung des »Abdrucks eines nackten, menschlichen Fußes« folgen einschließlich des Eintreffens Freitags vier weitere Entdeckungen. Da die Handlungsräume dazwischen, ausgefüllt mit den genannten Stereotypen, Reflexion und Reaktion, nicht subjektiv gehaltene psychologische Beschreibungen sind, sondern die objektiven Mechanismen des Gefühls referieren, enthält dieser auch für die Wirkungsgeschichte berühmteste Abschnitt des Romans eine starke Stilisierung auf die Bedingungen der äußeren Wahrnehmungen hin. Eine solche bewußte oder unbewußte Formalisierung von Erlebnissen bzw. Fakten, denn gerade auch das Erlebnis ist hier Fakt, gibt Anlaß zu einer weiteren Überlegung über das unterstellte utopische Element des Romans: Die nicht begriffenen oder als Begriff wieder verworfenen Besonderheiten erreichen im addierten Zusammenhang, wie die obige Aufstellung zeigt, das Allgemeine einer besonderen durchgehaltenen Perspektive: der Perspektive permanenter Mobilität. Man könnte es die Versinnlichung der nicht-kontemplativen Existenz nennen: Hier gilt nichts mehr als sicher. Nichts ist vom Gedanken gedeckt. Alles ist bloße Erfahrung. Schon die Reinheit dieser Methode macht Robinsons Bericht zu einer formalen Utopie.

Das zentrale Motiv der Angst

Katastrophenphantasie und Angst sind Folgen einer mobilen Ansicht der Welt. Gleichzeitig aber sind sie auch Beschleunigung der Handlung und der Entschlüsse. Die Angst vor der Katastrophe, das Erschrecken als Grundstimmung – durch harmlose Anlässe nur scheinbar widerlegt, weil der wirklich bedrohliche Anlaß wenig später die Angst nur bestätigt – unterscheiden sich als Motiv von den späteren Angstmotiven des europäischen Romans dadurch, daß sie keine Introversion darstellen. Dieser Robinson hat die objektiven Gefahren, die ihn bedrohen, nicht »verinnerlicht«. Seine Angst ist nicht »existentiell« oder ein sozusagen geistesgeschichtlich verfrühter romantischer Wahn. Es ist die sehr genau beschriebene Reaktion der Nerven gegenüber dem unvorhersehbaren, aber ständig möglichen Eintritt der Lebensgefahr. Sie kann sich daher in jähe Freude und Hoffnung verwandeln, wo die schreckliche Erwartung durch äußere Wirkung für kurze Zeit verscheucht ist. So läßt sich diese ständige Furcht nicht, wie ein Jahrhundert später, als eine die innere »Existenz« definierende Eigenschaft verstehen. Sie ist vielmehr ein heuristisches Prinzip, eine Methode des Überlebens. Sie ist die ungeheure Antriebsgeschwindigkeit, das Motiv der nicht müde werdenden Gedanken Robinsons, der nicht sterben will:

»Es ist ebenso unmöglich wie nutzlos, die unzähligen Scharen von Gedanken niederzuschreiben, die zu dieser Nachtzeit auf der großen Verkehrsstraße des Gehirns, dem Gedächtnis, hin- und herschossen: Ich durchlief die ganze Geschichte meines Lebens en miniature oder abgekürzt, wie man es nennen könnte, bis zu meiner Ankunft auf der Insel, und dann auch den Teil meines Lebens seit der Ankunft auf der Insel. In den Betrachtungen über mein bisheriges Schicksal auf der Insel verglich ich den glücklichen Zustand während der ersten Jahre meines Hierseins mit dem Leben in Angst, Schrecken und Kummer, das ich seit der Entdeckung jener Fußspur im Sand geführt hatte...« [10]

Wohl tritt innerhalb der nicht endenwollenden Kette von erschreckenden Erfahrungen auch der reine Alptraum auf, losgelöst von äußeren, erklärbaren Daten. Robinson hat zwei Träume. Der eine Traum enthält eine Prophezeiung, ein Versprechen für die Zukunft. Er träumt, kurz bevor Freitag vor seinen Augen in Wirklichkeit den Strand entlangläuft, daß ein Wilder sich von seinen Mördern befreit und zu Robinsons rettender Burg flieht. Der andere Traum dagegen erweckte das »Grauen meiner Seele« und prophezeite den Tod:

»Mir schien, ich säße außerhalb meines Walls auf der Erde, dort, wo ich während des Sturms nach dem Erdbeben gesessen, und sähe aus einer großen, dunklen Wolke und in einer breiten Feuerzunge einen Mann herabsteigen und den Boden betreten. Er selber war über und über so hell wie eine Flamme, so daß ich seinen Anblick kaum ertragen

[10] Defoe, a.a.O., S. 185

konnte; sein Gesicht war unaussprechlich furchtbar, mit Worten nicht zu beschreiben. Als er mit seinen Füßen die Erde betrat, schien der Boden zu zittern, wie damals vor dem Erdbeben, und die ganze Luft schien zu meinem Entsetzen von Flammenblitzen erfüllt.

Kaum hatte er die Erde betreten, so schritt er auf mich zu, in der Hand einen langen Speer oder eine ähnliche Waffe, um mich zu töten; und als er in einiger Entfernung auf einer Erhöhung angelangt war, redete er mich an, oder ich hörte eine so furchtbare Stimme, daß ich ihre Schrecklichkeit nicht beschreiben kann. Alles, was ich verstand, war dieses: ›Da ich sehe, daß alle diese Dinge dich nicht zur Reue bewogen haben, so sollst du nun sterben.‹ Bei diesen Worten war mir, als hebe er den Speer in seiner Hand auf, um mich zu töten.«[11]

Obwohl Robinson Gottes bedrohliche und lähmende Gestalt[12] so beschreibt, seinem Urteil und seiner Vorsehung sich unterwerfend, da er selbst diese Vorsehung nicht besitzt, ein nur »vernünftiges Tier«, so daß seine Beschreibung vom Überleben und Triumph allmählich konsequent übergeht in die erbauliche Geschichte eines Gottgerechten Puritaners, so ist doch auch diesem Erlebnis nach nicht Gott und dessen Vorsehung, sondern Robinsons Furcht Vehikel des Weiterlebens. Die Furcht ist die Erkenntnisweise, die Zukunft enthält. Furcht, Erschrecken, Angst ist keineswegs eine individuelle, nur Robinson auszeichnende, individuell-psychologisch zu deutende Eigenschaft. Alle Figuren des Romans, die in bedrohliche Lagen kommen, wie etwa in einem späteren Abschnitt die Meuterer eines englischen Schiffes, sind gezeichnet durch diese sich fast auf jeder Seite wiederholenden Stereotype, sind charakterisiert von Gesten und Worten eines plötzlichen tiefen Erschreckens. In der für unseren Zusammenhang wichtigen Arbeit von Bernhard Willms über die politische Philosophie von Thomas Hobbes, dem Erfinder des *Leviathan*, erinnert der Verfasser an Schelskys anthropologische Interpretation der Furcht im 17. Jahrhundert, die »sehr zutreffend nicht als Grundtrieb etwa, sondern aus der Zukünftigkeit erklärt« werde.[13] Diese

[11] Ebda., S. 102

[12] Es wird nicht gesagt, daß diese Gestalt Gott sei, der Leser muß es aber annehmen. Zur religiösen Indifferenz Robinsons siehe auch: Heinz Rittersberger, *Das naive Ich als Zentrum einer empiristisch erfaßten Welt in Defoes Robinson Crusoe*. Gießen 1967, S. 64. Diese Arbeit stellt das egozentrische Motiv richtig heraus, überantwortet es aber einer idealistischen Argumentation und moralistischen Werturteilen.

[13] Vgl. Bernhard Willms, *Die Antwort des ›Leviathan‹*. Th. Hobbes' Politische Theorie. Neuwied u. Berlin 1970, S. 30f.

Feststellung hilft, das über die Furcht Robinsons Behauptete zu erklären. Ist sie zunächst nur Mittel einer stets sich neu aufladenden Spannung des Abenteuerromans, so gibt sie sich nach ständiger Wiederholung doch als ein Mehr zu erkennen: Sie ist trotz des göttlichen Heilsplans das einzige Indiz einer Vorwegnahme der zu planenden oder zu erwartenden zukünftigen Ereignisse. Wo planende Antizipation so ausgeschlossen ist, daß man gerade wegen der vielen Rationalismen im Detail von einer heroischen Thematisierung des blinden Augenblicks im Ganzen sprechen könnte, ist die Angst die einzige, aus dem Instinkt kommende, nicht auf Einsicht beruhende Evidenz von Zukünftigkeit des puren Jetzt, der man sich kategorial versichern kann. Aus der Angst nämlich kommt hier nicht Apathie, sondern Vernunft. So steckt in der äußersten Subjektivität also auch ihr Gegenteil, das Objektive, das wir brauchen, um in *begründeter* Autonomie zu leben.

Das Utopische – ein Modus der Wahrnehmung

An dieser Stelle bekommt unsere Frage nach der besonderen utopischen Qualität des Robinson-Themas einen Richtungshinweis: Das Utopische, das uns interessiert, der Robinson-Mythos, der aktivierbar wäre, steckt nicht, wie man zunächst meinen könnte, einfach im staatsutopischen Gehalt, nicht im »Thema« selbst. Vielmehr steckt das Utopische – und das scheint paradox in diesem vor Stoff berstenden Buch – in den bisher dargestellten Bedingungen und Formen der sinnlichen Wahrnehmungen: Sie sind uns geblieben, nachdem die romantische Robinsongeschichte endgültig vorbei ist. Von ihnen müssen wir Schritt für Schritt ausgehen. Es kam zunächst darauf an, sich dieser Bedingungen und Formen innerhalb ihres immanenten Zusammenhangs, des Kontextes stilistisch-strukturell zu vergewissern. Nunmehr können ihre äußeren, sehr komplexen Beziehungen hergestellt werden. Einmal die historisch-ökonomischen Determinanten der Wahrnehmungsbedingungen; zum andern die nachfolgende, unsere eigene Robinson-Vorstellung mitbestimmende geistesgeschichtliche und ideologische Rezeption. Erst dann wird zu entscheiden sein, ob und warum dieses literarische Thema wirklich utopisch zu aktualisieren ist.

2. Keine Staatsutopie

Wie ergiebig Defoes Roman für das historische und sozioökonomische Interesse ist, das zeigt die hervorragende Rolle, die er seit den Nationalökonomen Adam Smith und Ricardo bis hin zu Karl Marx und einigen seiner literaturwissenschaftlichen Schüler gespielt hat.[14] Schon wegen der ökonomischen Vorbelastung des Themas[15] war es wichtig, zunächst vom literarisch-ästhetischen Feld her zu ersten Bestimmungen zu kommen. Es stellt sich nämlich die Frage, in wieweit es sinnvoll ist, diese Bestimmungen auf Konkreta des sozio-ökonomischen Hintergrunds zu beziehen, eine Methode, die neuerdings auch bei weit weniger tauglichen Objekten üblich ist und man deshalb mit blinden Resultaten arbeitet, so daß wir in Robinsons zweifellos günstigem Fall mit allen notwendigen Differenzierungen und Vermittlungen rechnen müssen. Denn die Beziehungen, oder gar Identitäten des literarischen Inhalts mit dem historischen und ökonomischen Hintergrund interessieren zunächst den Historiker, vor allem wenn kein ästhetischer und subjektiv-intellektueller Rest bleibt. Um diesen aber gerade geht es bei jedem Versuch, einen literarischen Mythos zu aktivieren, das heißt eine allgemein relevante, aber doch besondere Beziehung zwischen dem zeitgenössischen Subjekt und älterer Literatur herzustellen. Das wäre dann das Gegenteil des Belegs für jenen dogmatischen Materialismus, für den Erscheinungen des Überbaus direkt aus den »Produktionsbedingungen« ableitbar sind.[16] Allerdings: solch ein ästhetisch subjektives Mehr ist logischerweise nur dann zu ermitteln, wenn man der möglichen objektiven Determination von subjektiver Literatur, also den erwähnten »Produktionsverhältnissen«, den jeweils herr-

---

[14] Vgl. den Aufsatz des polnischen Literaturhistorikers Jan Kott *Kapitalismus auf einer öden Insel*, in: *Marxistische Literaturkritik*, hrsg. v. Victor Zmegac, Frankfurt a. M. 1972, S. 155ff. Außerdem den Ost-Berliner Wirtschaftshistoriker Jürgen Kuczynski, *Gestalten und Werke. Soziologische Studien zur englischsprachigen und französischen Literatur*, Berlin, Weimar 1971, S. 9ff.

[15] Einen ausführlichen Überblick über die bisherigen Auslegungstendenzen gibt H. Rittersberger, a.a.O., S. 5ff. Soweit die ökonomische Determinante wichtig ist, halte ich die von Ian Watt angebotene Interpretation für die schlüssigste.

[16] Kuczynski beginnt seine Interpretation zu Defoe, Poe und Swift mit einem Hinweis auf diese Gefahr, die Friedrich Engels schon kritisiert hat. Vgl. Kuczynski, a.a.O., S. 9

schenden historisch-ökonomischen Bedingungen, Rechnung trägt. Weiter: Das immer notwendiger werdende Mißtrauen gegenüber den Auslegungsmethoden des dogmatischen Materialismus, der im literarischen Bereich leicht nach einer Art Stromableser-Mentalität funktioniert, könnte das Gegenteil von dem erreichen, was er will. Er will die Bedingungen und Möglichkeiten des erkenntnistheoretischen Subjekts ermitteln, wo dieses nicht restlos im Objektiven aufgeht; dazu aber muß man das Objektive einigermaßen übersehen.

Was ist für Robinson das Objektive?

Was ist für Robinson Crusoe das Objektive gewesen, sofern er sich noch an England erinnert? Mit einem Wort: die Londoner City. Darin sind sich alle neueren Liebhaber mit den älteren Freunden des Romans einig: Defoe zeigt in einigen Wesenszügen seines Robinson dem modernen und dem zeitgenössischen Leser von damals das Bewußtsein des erfolgreichen, nach den Vernunftregeln des Profits denkenden englischen Kaufmanns, Unternehmers, Handwerkers bei Ausgang des 17. und Beginn des 18. Jahrhunderts. Robinson zeigte dieses Bewußtsein so authentisch, daß wir wahrscheinlich keinen anderen Fall von literarisch vermittelter Subjektivität kennen, die so viel Anteil hat an jener historisch mächtig gewordenen Idee des Individualismus, deren ökonomische Ursprünge gerade die Argumente gegen ihre spätere totale Ideologisierung liefern. Diese individualistische Idee, losgelöst von dem allzu direkten Erklärungsversuch, ist glaubwürdig erst, als aus dem seine Karriere mit allen Listen betreibenden Defoe der im ersten Kapitel beschriebene Robinson geworden ist, der auf Freitag wartet. Jan Kott hat es vielleicht allzu idealistisch, aber in der qualitativen Abgrenzung richtig gesagt: »In diesen großartigen Schilderungen erreicht Daniel Defoe, wie schon mehrmals hervorgehoben wurde, ein strenges Pathos und die Poesie eines antiken Epos. Robinson hört auf, englischer Bürger zu sein, und wird zum legendären Helden der ganzen Menschheit.«[17] Wodurch wird er das? Welche Besonderheiten mußte er abstreifen, um zu

[17] Kott, a.a.O., S. 165. Schon Hermann Hettner nannte den Robinson »Beispiel und Spiegelbild der ganzen Menschheit«. s. *Geschichte der englischen Literatur von der Wiederherstellung des Königtums bis zur zweiten Hälfte des achtzehnten Jahrhunderts, 1660–1770.* 4. Aufl. Braunschweig 1881, S. 309

dieser allgemeinen Idee vom Menschen zu kommen? An dem Inhalt allein kann es nicht gelegen haben, denn für den begeisterten sich gerade die Theoretiker des beginnenden Wirtschafts-Individualismus. Lag es aber nur an den »großartigen Schilderungen«?

Stellen wir zunächst die Gründe für den Enthusiasmus der zeitgenössischen und nachfolgenden Ökonomen fest. Jan Kott schreibt dazu: »*Robinson Crusoe* gleicht dem Werk von Adam Smith *Über die Natur und die Ursachen des Reichtums der Völker*, das auch mit Hilfe von Bildern geschrieben wurde. Robinson auf der öden Insel wurde das bürgerliche Schulbeispiel der ökonomischen Entwicklung, die später die ganze klassische englische Wirtschaftslehre übernahm. In Defoes *Robinson* sind wie in einem Embryo die bedeutenden Entdeckungen wie auch die großen Enttäuschungen dieser Lehre enthalten. Man muß sie nur gründlich lesen. Auf solche Weise las und interpretierte Marx den *Robinson* in seinem *Kapital*«.[18] Marx beschreibt im ersten Kapitel über »Ware und Geld«[19] Robinson auf seiner Insel, der seine verschiedenen Bedürfnisse nützlich befriedigte und – das ist die Pointe – in dessen Beziehungen zu den Dingen, die seinen Reichtum ausmachen, alle »wesentlichen Bestimmungen des Werts« enthalten seien. Marx hat sich aber polemisch gegen die ökonomischen Theoretiker geäußert, die im *Robinson Crusoe* beziehungsweise in Robinsonaden ein vorbildliches Modell gesehen haben. Marx beginnt die Einleitung seiner *Grundrisse der Kritik der Politischen Ökonomie*:

»In Gesellschaft produzierende Individuen – daher gesellschaftlich bestimmte Produktion der Individuen ist natürlich der Ausgangspunkt. Der einzelne und vereinzelte Jäger und Fischer, womit Smith und Ricardo beginnen, gehört zu den phantasielosen Einbildungen der 18.-Jahrhundert-Robinsonaden, die keineswegs, wie Kulturhistoriker sich einbilden, bloß einen Rückschlag gegen Überverfeinerung und Rückkehr zu einem mißverstandenen Naturleben ausdrücken. Sowenig wie Rousseaus contrat social, der die von Natur independenten Subjekte durch Vertrag in Verhältnis und Verbindung bringt, auf solchem Naturalismus beruht. Dies Schein und nur der ästhetische Schein der kleinen und großen Robinsonaden. Es ist vielmehr die Vorwegnahme der »bürgerlichen Gesellschaft«, die seit dem 16. Jahrhundert sich vorbereitete und im 18. Riesenschritte zu ihrer Reife machte. In dieser

[18] J. Kott, a.a.O., S. 166
[19] Karl Marx, *Das Kapital*, Erster Band, Berlin 1969, S. 90 f.

Gesellschaft der freien Konkurrenz erscheint der Einzelne losgelöst von den Naturbanden usw., die ihn in frühren Geschichtsepochen zum Zubehör eines bestimmten, begrenzten menschlichen Konglomerats machen. Den Propheten des 18. Jahrhunderts, auf deren Schultern Smith und Ricardo noch ganz stehn, schwebt dieses Individuum des 18. Jahrhunderts – das Produkt einerseits der Auflösung der feudalen Gesellschaftsformen, andrerseits der seit dem 16. Jahrhundert neuentwickelten Produktivkräfte – als Ideal vor, dessen Existenz eine vergangne sei. Nicht als ein historisches Resultat, sondern als Ausgangspunkt der Geschichte. Weil als das Naturgemäße Individuum, angemessen ihrer Vorstellung von der menschlichen Natur, nicht als ein geschichtlich entstehendes, sondern von der Natur gesetztes. Diese Täuschung ist jeder neuen Epoche bisher eigen gewesen.«[20]

Damit ist der prinzipielle Einwand nicht nur gegen die Annahme des isolierten Individuums der klassischen Ökonomen und der subjektiven Wertlehre in der Ökonomie formuliert, sondern auch der Einwand gegen jene Theorie vom Gesellschaftsvertrag, nach dem Individuen einen Vertrag schließen, der eine Gesellschaft mit Frieden und materiellem Fortschritt ermöglicht. Für Marx lag das Herausfordernde sowohl in der Robinsonade als auch in Rousseaus *Contrat social* darin, daß beide ein von der Gesellschaft zu abstrahierendes Individuum denken und voraussetzen, wohingegen Marx den Menschen immer nur als gesellschaftliches Wesen, als Menschen in der Gesellschaft begreift: »Aber das menschliche Wesen ist kein dem einzelnen Individuum inwohnendes Abstraktum. In seiner Wirklichkeit ist es das ensemble der gesellschaftlichen Verhältnisse.«[21]

Die ökonomischen Determinanten des Subjektivismus

In der Tat ist die schöne Vorstellung vom einfachen Robinson als naturwüchsiger Idylle falsch. Marx beschrieb mit Recht Robinson »als guten Engländer«, der bald Buch über Inventar und Arbeitszeit zur Herstellung dieses und jenes lebensnotwendigen Produktes führt.[22] Robinson – der homo oeconomi-

[20] Karl Marx, *Grundrisse der Kritik der Politischen Ökonomie*, (Rohentwurf). Berlin 1953, S. 5ff.
[21] Karl Marx, *Thesen über Feuerbach*, in: Karl Marx/Friedrich Engels, *Werke*, Band 3, Berlin 1969, S. 6, siehe hierzu auch: Lawrence Krader, *Ethnologie und Anthropologie bei Marx*. München 1973
[22] Karl Marx, *Das Kapital*, a.a.O., S. 91

cus seiner eigenen Zeit. So ist er von den großen Wirtschafts-
theoretikern gesehen worden. Ian Watt schreibt dazu:

»Die Tatsache, daß Robinson Crusoe wie Defoes andere Hauptgestal-
ten (Moll Flanders, Roxana, Colonel Jacque und Captain Singleton)
eine Verkörperung des ökonomischen Individualismus ist, bedarf kaum
des Beweises. Alle Helden Defoes jagen hinter dem Geld her, das
er charakterisitischerweise ›den allgemeinen Berechnungsgegenstand
der Welt‹ nannte. Und nach der Gewinn- und Verlustbuchführung zu
urteilen, die Max Weber für das ausgeprägte technische Merkmal des
modernen Kapitalismus hielt, jagen sie dem Geld sehr methodisch
nach.«[23]

Damit ist die im ästhetisch-kompositorischen Bereich deutlich
gemachte Motorik historisch genauer belegt. In der Tat erscheint Robinsons weltliche Frömmigkeit und zweckbestimmte
unrhetorische Tapferkeit wie die erste literarische Inkarnation
von Max Webers These über den Zusammenhang der prote-
stantischen Ethik mit dem Geist des Kapitalismus. Die Meinung, daß diese Figur wie kaum eine andere vergleichbare geprägt ist von dem großen Umbruch der ökonomischen
Verhältnisse nach der »glorreichen Revolution«, wodurch die
bürgerliche Kapitalisten-Klasse den alten Feudaladel als
Machtfaktor ablöste, ergibt sich zwingend aus den neueren Untersuchungen zum sozio-ökonomischen Hintergrund. Dieses
ökonomisch bedingte Bewußtsein des Defoeschen Helden geht
so weit, daß er sich heute wie ein zweiter Thomas Mun darbie-
tet, der als erster das Wirken ökonomischer Gesetze gegenüber
juristischen und politischen Ansprüchen deutlich formulierte.[24]
Robinsons Freiheitsbegriff meint zunächst die Freiheit des
wirtschaftlich selbständigen und selbsttätigen Kaufmanns, eine
Freiheit, die den einzelnen vom anderen trennt, die keine emotionellen, sondern immer nur abstrakt berechnende Beziehungen zuläßt. Dieser eigentümliche Tatbestand läßt sich konkret
nachprüfen in Robinsons Verhalten gegenüber Freitag, dem
ersten menschlichen Wesen, das er nach einer über zwanzig
Jahre dauernden Isolation trifft, ohne daß wir eine besondere
emotionelle Betroffenheit feststellen könnten.
Insofern wäre *Robinson Crusoe* also das erste hervorragende
Dokument für den Aufgang des siegreichen, bürgerlichen Unternehmers und zwar in seiner eigentlich heroischen Epoche,

[23] I. Watt, a.a.O., S. 230
[24] Vgl. Kuczynski, a.a.O., S. 11

die das feudale Zeitalter in England endgültig ablöste. Inwiefern diese besondere historische Bestimmung des Anfangs, das heißt aber des energetischen Augenblicks, inwiefern der Aspekt des Wie den des bisher dargestellten Was überdeckt, ja ihm in der literarischen Form eine ganz andere Qualität gibt, das zeigte schon die enthusiastische Formel Jan Kotts, dem Robinson kein »englischer Bürger« mehr ist, sondern »ein Held der ganzen Menschheit«. Der marxistische Theoretiker in ihm hätte das »objektiv« begründen können, indem er die »progressive« Rolle während dieser historischen Phase betont hätte. Das aber tat er aus guten Gründen nicht. Kott argumentiert ästhetisch. Damit sind wir bei dem Punkt, von dem aus erst der vorgeführte sozio-ökonomische Hintergrund als scheinbar wichtigste und eigentlich relevante Information problematisiert werden muß. Denn in Robinsons Insel-Dasein spiegelt sich – und darauf hob Marx schon ab – keineswegs nur die zeitgenössische englische Ökonomie. Es ist angebracht, diese sowohl evidente wie auch banale Erkenntnis zu betonen, da über den literatur-soziologisch bündigen Fakten in Vergessenheit geraten könnte, daß es nur diesen einen Robinson gegeben hat, den alles von den vielen City-Männern seiner Zeit unterschied, vor allem die Tatsache, daß er 28 Jahre allein auf einer Insel hauste und den vierten Teil der von ihm erzählten Zeit auf Freitag wartete.

Das Motiv der Insel

Damit kommen wir zu dem Punkt des historischen Kontextes, der die literarische Wirkung des Buches erklärt, beziehungsweise die Thematisierung des Stoffes durch ein äußerliches utopisches Motiv: der Insel. Dabei ist es zunächst wichtig, sich klarzumachen, daß nicht die geschilderte ökonomische Bedeutung dem Buch seine Aura gegeben hat, sondern daß Defoes Zeitgenossen und nachfolgende Lese-Generationen entweder nur von der Abenteuerlichkeit des Stoffes oder aber durch den besonderen Fall von Isolation fasziniert waren, so daß einige Robinsonaden, die in der Nachfolge als eine eigene literarische Gattung entstanden sind, Robinsons ungeliebtes, schreckliches Eiland in eine amöne Fluchtinsel verwandelten, also den utopischen Topos von der »Insel der Glückseligen« hier aktualisiert haben. Gerade weil es sich dabei um ein klassisches utopisches

Motiv handelt, muß es genauer betrachtet werden. Es wird sich dann als ein Mißverständnis herausstellen, nicht gedeckt durch die Intentionen des Romans, dessen Interesse ja gerade darin liegt, daß er nicht statisch, sondern dynamisch argumentiert.

Die literarisch wichtigste der nachfolgenden Flucht-Robinsonaden war innerhalb der deutschen Literatur Schnabels *Insel Felsenburg* (1731). Daneben gab es eine ganze Anzahl solcher Robinsonaden, die sich nur zum Teil auf *Robinson* berufen können, handelt es sich bei ihnen doch um nichts weiter als um den Typ des Abenteuer-Romans, wie er in einer Selbstbeschreibung des *Sächsischen Robinsons* von 1722, also kurz nach Erscheinen des Defoeschen Romans, charakterisiert wird: »Das Wort Robinson hat seit einiger Zeit bey Uns Teutschen eben die Bedeutung angenommen, die sonsten das Frantzösiche Wort Avanturier hat, welches einen Menschen anzeiget, der in der Welt allerhand außerordentlichen Glücks- und Unglücksfällen unterworffen gewesen.«[25] In der Zeit vom Erscheinen des *Robinson Crusoes* 1719 bis zum Erscheinen der *Insel Felsenburg* 1731 sind fünfzehn echte Robinsonaden aufzählbar, also solche Romane, die nicht bloß einen abenteuerlichen Reisebericht enthalten, sondern die zeitweilige insulare Abgeschlossenheit des Helden.[26]

Die besondere Stellung, die Schnabels so folgenreiche *Insel Felsenburg* innerhalb der Robinsonaden-Literatur besitzt, hat ihren Grund darin, daß hier das Insel-Motiv in der Tradition der »Insel der Seligen« behandelt ist. Die *Insel Felsenburg* ist die erste in einer ganzen Reihe von Insel-Idyllen, die in der Literatur des ausgehenden 18. Jahrhunderts auftauchen, vor

[25] Zit. bei Fritz Brüggemann, *Utopie und Robinsonade*. Untersuchungen zu Schnabels »Insel Felsenburg«. In: *Forschungen zur neueren Literaturgeschichte*. Hrsg. v. Franz Muncker, Weimar 1914, S. 104

[26] Eine Übersicht über diese verschiedenen echten Robinsonaden gibt Fritz Brüggemann, a.a.O., S. 106: Er zeigt, daß es den Typus der Robinsonade im Sinne der Flucht-Insel-Geschichte schon vor Erscheinen des *Robinson Crusoe* gab. Vor allem die Insel Madagaskar spielte als Asyl für politische Flüchtlinge seit 1668 eine Rolle. (Ebda., S. 114) Eine besondere Übersicht über das Insel-Motiv als utopischen Raum der goldenen Zeit in der vorangegangenen Literatur seit der Antike gibt Horst Brunner, *Die poetische Insel*. Inseln und Inselvorstellungen in der deutschen Literatur, Stuttgart 1967. Die umfassendste Übersicht zur Stoff- und Wirkungsgeschichte bietet H. Ullrich, *Robinson und Robinsonaden*, Weimar 1898. Außerdem die polemische Studie von Hans Freyer, *Die politische Insel*. Eine Geschichte der Utopien von Platon bis zur Gegenwart. Leipzig 1936.

allem, etwa bei Gleim, in der empfindsamen Idyllen-Dichtung des Rokoko.[27] Die *Insel Felsenburg* schildert wie *Robinson Crusoe* einen Schiffbruch. Aber von Beginn an ist es nicht ein einzelner Mensch, der auf eine einsame Insel verschlagen wird, sondern ein Paar, das an diesem Ort eine fromme, gottergebene Großfamilie aufbaut. Europa-Flüchtlinge, also nicht nur Schiffbrüchige, treffen später ein. Die »Insel Felsenburg« wird zum künstlich abgeschlossenen Asyl gegenüber dem moralisch verkommenen Europa. Konsequenterweise ist diese Insel kein Ort für entdeckende Verfahrensweisen und widersprüchliche, zufällige und kurzfristige Handlungs- und Denkabläufe, wie sie für Robinsons Insel-Dasein kennzeichnend sind. Vielmehr enthält Schnabels Roman geradezu eine Umkehrung der Defoeschen Sehweise: Die *Insel Felsenburg* entspricht akurat dem beigegebenen Grundriß, den der Leser des ersten Bandes studieren kann. Von Beginn also ist diese Insel als Totale bekannt und zwar im Schema des irdischen Paradieses: eine rationale Konstruktion also, die eigentlich nichts anderes will, als die beste aller Welten und ihre Bewohner genau zu beschreiben. Es gibt hier nicht das für Defoe typische Zeit- und Sekundenbewußtsein, nicht das schlechte Gewissen über falsche oder richtige Handlungen. Alles ist ein für allemal entschieden. Damit aber rückt die *Insel Felsenburg* im Gegensatz zu Defoes *Robinson Crusoe* strukturell, motivgeschichtlich und ideologisch in große Nähe zur Sozialutopie, deren Erfinder Thomas Morus mit seiner *Utopia* von 1516 gewesen ist, zweihundert Jahre also bevor *Robinson Crusoe* erschien. Hier schon ist eine Insel zum utopischen Ort ausersehen, dem Francis Bacon mit seiner fragmentarisch überlieferten *Nova atlantis* 1626 folgte, ebenso wie James Harrington mit *Oceana* (1656).

Ernst Blochs Verdikt gegen die Wunschzeiten und Wunschräume

Unterschiedliche Darstellungsmittel, strukturelle, motivliche und stilistische Unterschiede zwischen Fluchtidylle und der Staatsutopie des Thomas Morus sind dabei nicht zu übersehen. Der genauere Vergleich zwischen der *Insel Felsenburg* als Fluchtutopie und Thomas Morus' *Utopia* als soziale Utopie

[27] Vgl. hierzu Brunner, a.a.O., S. 103 ff.

würde auch das für alle späteren utopischen Versuche unterscheidende Kriterium erbringen, das Ernst Bloch aus gegebenem Anlaß 1937 in seinem Aufsatz *Originalgeschichte des Dritten Reiches* beschrieben hat: »Immer wieder freilich muß zwischen Nebel und Licht unterschieden werden, und das Licht berichtigt sich auch. Das gilt besonders für die weitere Folge der utopischen Träume, für die Verengung, welche sie in den sogenannten Staatsmärchen der Neuzeit gefunden haben. Diese sind fast zu Spaß geworden, und obwohl das Wort Utopie vom ersten ihrer herstammt, haben sie mit der Utopie im alten joachitisch-glühenden, gar im neuen konkreten Sinn wenig gemein. Schon die technisch-pedantische Ausmalung, schon die romanhafte Einleitung gibt ihnen einen gewissen verspielten Charakter, macht aus ihnen eine Art revolutionäres Kunstgewerbe.«[28] Bloch fügt hinzu: »Die undialektisch herangebrachte Träumerei war der Nebel der Sache, und im Nebel lagen – bis Weitling und Fourier – alle die Wunschzeiten und Wunschträume der alten Utopie. Auch enthielten sämliche Phantasmagorien, welche die Sehnsucht nach einer besseren Welt in Zukunftszeiten oder ferne Inseln oder unzugängliche Täler projizierte, immer nur die befreiten *Klasseninhalte* der jeweils unterdrückten Klasse (wenn auch transparent für klassenlose Ahnungen überhaupt). Auch standen die meisten alten Utopien in der ihnen gegebenen Wirklichkeit still, sie schlugen aus ihr gleichsam nur das Phlegma und destillierten spiritus heraus, sie kannten keinen *Prozeß* und keine *Totalität* der Erneuerung.«[29] Bloch war zu solch strengem Verdikt gegenüber der nur statischen Flucht- und Traumutopie gezwungen, weil er die aktuellen aggressiv-konservativen und faschistischen Versionen und Perversionen utopischen Denkens als gefährlich geworden erkannte, aber auch weil seine eigenen früheren utopischen Entwürfe von bürgerlichen Geisteswissenschaftlern als Schwarmgeisterei abgetan worden waren[30] und er deshalb seine dialektisch überlegene Konzeption von utopischem Denken gegenüber falscher Konkurrenz definitiv unterscheiden mußte.

[28] Ernst Bloch, *Vom Hasard zur Katastrophe.* Politische Aufsätze aus den Jahren 1934–1939, Frankfurt a. M. 1972, S. 315
[29] Ebda., S. 316, Hervorhebungen von Bloch
[30] So von Alfred Doren, a.a.O., S. 185: Blochs *Thomas Münzer* wird dort als »wild phantastische Spekulation« bezeichnet, auch wenn er das chiliastische Moment richtig erkannt habe. Bloch verwendet wohl deshalb auch im zuletzt angeführten Zitat polemisch Dorens Buchtitel.

Kulturkritische Weltflucht

Nimmt man Blochs Kriterium, dann gehört die *Insel Felsenburg* als welt- und zeitabgewandte Konzeption zu den statischen »Wunschräumen«: Sie entrückt den Leser an einen idyllischen, exotischen Fluchtort, ohne kritischen Bezug auf die Gegenwart. Dagegen wirft aber die *Utopia* des Thomas Morus ein kritisches Gegenbild zum zeitgenössischen England. Sie enthält ein wesentliches Bestimmungsmerkmal der Sozialutopie: die Zukunftsperspektive[31], nach deren Maßstäben die konkreten Verhältnisse der Gegenwart kritisiert werden. Die Idylle gibt also zwar schon seit Beginn des 18. Jahrhunderts statische, utopische Anschauungskategorien ab und die *Insel Felsenburg* ist eine Vorläuferin der Idyllen-Dichtung des Rokoko, aber die eigentümliche Wirkungsgeschichte des *Robinson Crusoe* als eine Idylle zwischen Auswanderer-Glück und sentimentaler Bescheidenheit in Gott ebnet den dynamischen Charakter des Romans ins Statische ab: Robinson, dessen Gottergebenheit eher kalkulierend und, wie Karl Marx schon richtig erkannte, alles andere als ein Ereignis der Seele war, wird als ein sich läuternder Mann empfunden. Gerade jene Passagen, aus denen eine solche sentimentalische Religiosität herausgelesen wurde, halfen dem Buch zu seinem überwältigenden Erfolg in Deutschland[32], obwohl gerade diese Passagen, von Campe abgesehen, in den meisten Editionen herausgekürzt wurden, zugunsten des reinen Abenteuers.

Kulturkritische Weltflucht, sentimentalische Gottergebenheit, lächelndes Glück im kleinen Paradies – das sind programmatische Wahrnehmungsinhalte des empfindsamen 18. Jahrhunderts, an dessen Ende die Idylle des Rokokos steht. Der Pädagogik von Jean-Jacques Rousseau dagegen geht es um das unversehrte Individuum, in zwei Versionen a) solitär: *Emile*, b) sozial: contrat social. Im Lichte des Rokokos wird schon Robinson zu einem Vorläufer des Captain Cook, dessen Insel-Entdeckungen in der Südsee 50 Jahre nach Erscheinen von Defoes Roman die empfindsame literarische und philosophische Welt unmittelbar inspiriert haben. Tahiti wurde zur Insel der Seligen, zum verloren geglaubten und endlich gefundenen Paradies, zur goldenen Zeit, etwa in den Reiseberichten der

[31] Vgl. hierzu auch Brunner, a.a.O., S. 109 ff.
[32] Vgl. Brüggemann, a.a.O., S. 27

111

70er Jahre von Bougainville und Georg Forster: *Eine Reise um die Welt*, 1778/80.[33] Die Entdeckung Tahitis hat Diderot direkt zur Sozialutopie angeregt, denn hier schien der Beweis erbracht, wie glückselig die Menschheit in ihrem unverdorbenen Naturzustand gewesen ist. Die Glückseligkeit, zentraler Begriff der Aufklärungsphilosophie, konnte konkret festgemacht werden an einem Aufklärungsmittel: der Entdeckungsreise und der geographischen Enzyklopädie, die sich noch heute in der knabenhaften Phantasie wiederholt, wenn sie spielerisch versucht, Umrisse der Weltmeere, Flüsse, Kontinente und Inseln auf dem Atlas mit konkreten sinnlichen Vorstellungen zu besetzen.

Rousseaus Entdeckung des Robinson

Der Blick auf das Meer, das der unendliche Horizont beschließt, enthält noch immer die verführerische Gewißheit von Freiheit, über die Rousseau in folgendem Satz seines *Emile* feststellte: »Das Prinzipium aller Handlung liegt in dem Willen eines freien Individuums; darüber hinaus kann ich nicht kommen. Nicht das Wort Freiheit ist ein bedeutungsloses Wort, sondern das Wort Notwendigkeit.«[34] Damit haben wir den Schriftsteller genannt, der vor Marx die Figur des Robinson als eine utopische Beziehungsfigur thematisierte.[35] Nach Rousseaus Wille soll sein Zögling Emile den *Robinson* als erstes aller Bücher lesen, denn in diesem Buch würden »alle natürlichen Bedürfnisse des Menschen sich auf eine fühlbare Art zeigen« und auch die »Mittel für dieses Bedürfnisse zu sorgen«. Diese erste Interpretation des *Robinson Crusoe* in einem utopischen Kontext hat im Zusammenhang folgenden Wortlaut:

»Wenn man eine Lage auffinden kann, in der alle natürlichen Bedürfnisse des Menschen sich auf eine dem Geiste des Kindes fühlbare Art zeigen, und wo die Mittel für diese Bedürfnisse zu sorgen, sich nach und nach mit derselben Leichtigkeit entwickeln: so ist's in dem lebhaften und natürlichen Gemälde dieses Zustandes, worüber man seiner Einbildungskraft den Lauf lassen muß.

[33] Vgl. Brunner, a.a.O., S. 120ff.
[34] Rousseau, *Emile*. a.a.O., S. 89
[35] Rousseau *Emile* hat die emblematische Deutung des Robinson begründet, nämlich die Vorstellung, hier würden die typischen Möglichkeiten menschlicher Existenz stufenweise dargestellt. Vgl. Rittersberger, a.a.O., S. 5

Feuerkopf von Philosoph! ich sehe den deinen schon auflodern. Aber sachte, sachte! Diese Lage ist gefunden, sie ist beschrieben, und, ohne dir Unrecht zu tun, viel besser, als du sie beschreiben wirst; wenigstens mit mehr Wahrheit und Einfalt. Weil wir durchaus Bücher haben müssen, so ist eins vorhanden, das, meinem Bedünken nach, die glücklichste Abhandlung über natürliche Erziehung enthält. Dies Buch wird das erste sein, das mein Emil liest; lange Zeit durch wird es seine ganze Sammlung ausmachen, und ihm immer eine vorzügliche Stelle darin aufbehalten sein. Es wird der Text sein, welchem alle unsere Unterredungen über die natürlichen Wissenschaften nur zum Commentar dienen werden. Während wir in dem Zustande unsers Urteils noch fortschreiten, wird es uns zum Prüfsteine dienen; und wir, so lange als unser Geschmack noch nicht verderbt ist, es immer gerne lesen. Und welches ist denn dieses wundersame Buch? Ist es Aristoteles? ist es Plinius? ist es Buffon? Nein; es ist Robinson Crusoe.

Robinson Crusoe auf seiner Insel, allein, von aller Hülfleistung seinesgleichen und allen Kunstgerätschaften entblößt, und doch für seine Nahrung, für seine Erhaltung sorgend, und sich sogar eine Art von Wohlsein verschaffend; ist ein Gegenstand, der jedes Alter aufs höchste interessiert, und den man den Kindern angenehm zu machen, tausenderlei Mittel hat. So geben wir der wüsten Insel, die wir anfangs nur vergleichungsweise annahmen, ein Dasein. Dieser Zustand ist, ich gestehe es, nicht der Zustand des gesellschaftlichen Menschen; wahrscheinlich soll er nicht der Zustand Emils werden; aber er ist der Zustand, nach dem er alle andern schätzen muß. Das sicherste Mittel sich über die Vorurteile zu erheben, und seine Urteile nach den wahren Verhältnissen der Dinge zu ordnen, ist, daß man sich an die Stelle eines vereinzelten Menschen setze, und dann von allem urteile, wie dieser Mensch in Absicht dessen, was ihm selbst nützlich ist, davon urteilen muß.

Dieser Roman, von allem seinen Wuste gesäubert, so daß er mit dem Schiffbruche Robinsons bei seiner Insel anfange, und sich mit der Ankunft des Schiffes, das ihn aus ihr wegbringen will, schließe, wird beides die Unterhaltung und Unterweisung Emils, während der Zeit, wovon hier die Rede ist, ausmachen. Ich will: der Kopf solle ihm davon schwindeln; er solle sich unaufhörlich mit seinem Schlosse, mit seinen Ziegen, mit seinen Pflanzungen beschäftigen; er solle umständlich, nicht aus Büchern, sondern an den Sachen selbst, alles lernen, was man in solchem Falle wissen muß. Er denke, er sei Robinson selbst; er sehe sich in Felle gekleidet, eine große Mütze auf, einen breiten Säbel an der Hüfte, und im ganzen grotesken Aufzuge der Figur, den Sonnenschirm nur ausgenommen, dessen er nicht bedürfen wird. Ich will, er beunruhige sich über die Maßregeln, die er zu ergreifen hätte, wenn dies oder jenes ihm ausginge; er untersuche das Tun seines Helden; er prüfe, ob Robinson nichts unterlassen habe, ob nichts besser anzufangen gewesen wäre; er merke sorgfältig seine Fehler an; und schöpfe Nutzen aus ihnen, damit er nicht selber in gleichem Falle darein gerate; zweifelt nicht, daß er auf den Entwurf kommen wird, auch eine solche Pflanzung anzulegen. Es sind die wahren böhmischen Dörfer dieses glücklichen Alters, indem man keine andere Seligkeit kennt, als das Notwendige und die Freiheit.

Diese Kindertorheit aber nun, welch ein Mittel in eines geschickten Mannes Hand, der es verstanden hat, sie hervorzubringen, um Vorteil aus ihr zu ziehen! Das Kind wird jetzt nichts Angelegeners haben, als sich ein Vorratshaus für seine Insel zu erschaffen, und weit begieriger aufs Lernen, als der Lehrmeister bereitwillig zum Lehren sein. Es wird alles wissen wollen, was nützlich ist, und nur das wissen wollen; ihr werdet nicht mehr nötig haben, es zu führen; ihr werdet es nur zurückzuhalten brauchen. Uebrigens laßt uns eilen, es in dieser Insel festzusetzen, dieweil es noch seine Glückseligkeit darauf einschränkt; denn die Zeit kommt, wo, wenn es auch noch darauf leben will, es doch nicht mehr allein darauf leben wollen, und wo Freitag, der ihn jetzt noch nicht sehr rührt, ihm nicht lange mehr genug sein wird.

Die Ausübung der natürlichen Künste, wozu ein einziger Mensch hinreicht, führt auf die Untersuchung der Künste des Fleißes und der Geschicklichkeit, welche mehrere Hände gemeinschaftlich beschäftigen müssen. Erstere können durch Einsiedler, durch Wilde ausgeübt werden; die andern hingegen nur in der Gesellschaft entstehen, die durch sie notwendig wird. So lange man nichts als das physische Bedürfnis kennt, ist sich jeder Mensch genug. Die Einführung des Ueberflusses macht die Verteilung der Arbeit notwendig. Denn obgleich ein Mensch, allein arbeitend, nur den Unterhalt eines einzigen Menschen gewinnt, so werden doch hundert Menschen, die gemeinschaftlich arbeiten, so viel hervorbringen, daß zweihundert davon leben können. Sobald also ein Teil der Menschen ruht, so muß das Zusammentreten der Arme derer, die arbeiten, die Arbeit derjenigen ersetzen, die nichts tun.

Eure größte Sorge muß darauf gehen, vom Geiste eures Zöglings alle Begriffe solcher gesellschaftlichen Verhältnisse zu entfernen, die nicht nach seiner Fassungskraft sind. Zwingt auch aber die Verkettung der Kenntnisse, ihm die natürliche Abhängigkeit des Menschen zu zeigen: so richtet, anstatt sie ihm von der moralischen Seite sichtbar werden zu lassen, anfangs seine gänzliche Aufmerksamkeit auf die Industrie und die mechanischen Künste, die einen Menschen durch wechselseitigen Nutzen an den Andern knüpft. Wenn ihr ihn von Werkstatt zu Werkstatt führt, so leidet nie, daß er irgend eine Arbeit sehe, ohne selbst Hand ans Werk gelegt zu haben, noch daß er sie verlasse, ohne vollkommen die Ursache von allem zu wissen, was darin geschieht, oder wenigstens von allem, was er darin beobachtet hat. Zu dem Ende arbeitet selbst, geht ihm überall mit eurem Beispiele vor; ihn zum Meister zu machen, seid überall Lehrling; und rechnet darauf, daß eine Stunde Arbeit ihn mehr lehren wird, als er aus tagelangen Erklärungen würde behalten haben.«[36]

Rousseau hat hier schon Robinsons Schwierigkeiten der Sekunden und die Qualen versuchter, aber nie erreichten Vorwegnahme von Zukunft, in einen wichtigen Punkt uminterpretiert: In der Beschränkung auf Ackerbau und Handwerk findet Robinson seinen wirklichen Nutzen und Schutz gegen die Gefahren der Einbildungskraft, die, wie Rousseau sagt, unendlich ist, weshalb sie beschränkt werden müsse nach Maßstab der wirklichen Welt, die nicht unendlich ist.[37] Rousseau hat Robinsons Konkretismus abgetrennt von Robinsons erschreckten Wahrnehmungen. Er fordert für den Zögling Emile zwar: »man erschüttere, erschrecke seine Einbildungskraft mit den Gefahren, die jeden Menschen unaufhörlich umgeben, er erblicke all diese Abgründe um sich . . .«. Aber nur, um ihn umso mehr auf das Nächstliegende beschränken zu können, denn über Robinsons eigentliches Problem, das er übersieht, schreibt Rousseau in anderem Zusammenhang: »Die Voraussicht, die Voraussicht! . . . Diese macht die wahre Quelle alles unseres Elends aus. Welch ein Unsinn, denn für ein so vergängliches Wesen, als der Mensch, stets fern in eine Zukunft zu schauen, die so selten kömmt, und die Gegenwart zu vernachlässigen, deren er gewiß ist.«[38]

Robinson schaut keineswegs stets fern in die Zukunft, sondern er ist ganz auf die Gegenwart konzentriert und insofern wäre er ein gutes Vorbild für Rousseaus Schüler Emile. Nur ist es ein stilisierendes Übergehen des Erkenntnisproblems, wenn Rousseau die reine Gegenwart im utilitaristischen Sinne empfiehlt, aus der Robinson tatsächlich seine Kraft geschöpft hat, ohne daß damit aber die Notwendigkeit antizipierenden Denkens angesprochen wird. Die hier vorgeführten ökonomischen oder sentimentalisch-politischen Weiterführungen des Defoeschen Romans enthalten allesamt den Fehler, daß sie Robinsons Perzeptionsweisen zwischen Blindheit und Vorwegnahme, deren äußere Erscheinungsform wir schon analysierten, nicht erörtert haben. Darauf aus, die Insel-Utopie, die pädagogische oder nationalökonomische Provinz noch ungebrochen an in-

[36] Rousseau, a.a.O., S. 107ff.
[37] Ebda., S. 289
[38] *Emile*. Drittes Buch, a.a.O., S. 301

haltlichen Zielbestimmungen objektiv festmachen zu können und nicht etwa ins voluntaristische Subjekt zurücknehmen zu müssen, wozu moderne utopische Versuche inzwischen genötigt sind (siehe den Teil I dieses Bandes), zeigt diese aufgeklärte und empfindsame Stilisierung des Defoeschen Romans, Denkansätze, die vom authentischen historischen und literarischen Tatbestand nicht gedeckt sind.

Warum es keine Staatsphilosophie ist

Robinsons Dasein als ein utopisches Dasein zu verstehen, ist die Absicht der hier versuchten Studie. Eine erste Antwort aber ist, festzustellen, daß der Defoesche Roman im Gegensatz zu den vorgeführten Interpretationen keine modellartig funktionierende Pädagogik und auch keine staatsutopischen Motive bereithält, wie ihn verschiedene Denker der Eudämonie unterstellen. Die beiden Voraussetzungen einer solchen Utopie sind bei Robinson nicht gegeben: 1. die Reise auf die ferne Insel ist keine geplante, sondern eine überraschende und zufällige. Es fehlt ihr gerade jede theoretische Vorwegnahme und Vorbereitung, wie sie zum Beispiel Kant in seiner Schrift *Über das Mißlingen aller philosophischen Versuche in der Theodizee* gefordert hat.[39] 2. Robinson tut alles, um von dieser Insel fortzukommen. Das Kontinuierliche, die einzige Konstante aller seiner Handlungen und Reaktionen, ist das Warten auf Freitag, den er zu diesem Zweck benützen will. Damit kehren wir zum Ausgangspunkt zurück und stellen eine scheinbare Paradoxie fest: Die marxistisch-ökonomische Kritik an der aufklärerisch-optimistischen Utopie, wie sie die Robinsonade liefert, kehrt das authentische, historische Material des 17. Jahrhunderts gegen die geschilderten Stilisierungen des achtzehnten. Aber hinter der desillusionierenden Erkenntnis über ökonomische Antriebe des egozentrischen Kaufmanns und über die Entstehung des Individualismus aus dem Geist des frühen Kapitals kommt eben der gleiche Wunsch zum Vorschein, der die kritisierten Aufklärer motivierte: der Wunsch, die Bedingungen des mörderisch werdenden Individualismus – als Sittenverderbtheit konkurrierender Individuen von den frommen

---

[39] Vgl. Lepenies, *Soziologische Anthropologie*. Materialien, a.a.O., S. 97

Auswanderern der Robinsonade gebrandmarkt – im Sinne der alten Glückseligkeit zu ändern.[40]

Es ist richtig, daß Robinson als Besitzer, Unternehmer und aufgeklärter Sklavenhalter darauf wartet, daß ihm Freitag, der Wilde, zuläuft. Als wir Robinson verließen – er verfolgte Freitags Lauf und die Angst packte ihn –, da ist es keine Menschenliebe, sondern die berechnende Eigenliebe, die ihn schließlich doch zum rettenden Eingreifen hinreißt. Eigenliebe, Sorge selbst zu überleben, veranlassen ihn, jene Unternehmungen zu organisieren, wodurch sein Bericht nicht die Merkmale einer Staatsutopie, wohl aber die einer Musterkolonie enthält.[41] Einmal ist es die Anlage einer autarken Plantage, die er deswegen einrichtet, um alle neu hinzugekommenen Figuren der Handlung, Freitag, Freitags Vater, die geretteten spanischen Gefangenen der Wilden und schließlich die englischen Meuterer, der eigenen Befreiung von der Insel dienstbar zu machen. Sie alle sollen ihm in irgendeiner Weise bei der geplanten Flucht von der Insel behilflich sein. Die sich allmählich herausbildende Besitzermentalität ist dabei eine scheinbar naturwüchsig entstandene, eine Vorstellung, in der Besitz und Herrschaft als zugeordnete Begriffe ineinander übergehen: »Es hätte manchen Sauertopf zum Lachen gebracht, hätte er mich und meine kleine Familie zu Tisch niedersitzen sehen. Da war meine Majestät, der Fürst und König über das ganze Eiland; ich war absoluter Herr über die Leben meiner sämtlichen Untertanen, ich konnte hängen, vierteilen, Freiheit geben und wieder nehmen, und unter allen meinen Untertanen war kein einziger Rebell.«[42]

Innerhalb dieses Planungs-Bereichs am Ende des ersten Teils herrscht äußerster Gegensatz zu der blinden und bestürzten Verhaltensweise unseres Helden, während er auf Freitag wartet, nämlich Rationalität und Vernunft. Sie machen sich am

---

[40] Vgl. Lepenies, *Experimentelle Anthropologie und emanzipatorische Praxis, Überlegungen zu Marx und Freud*, in: Wolf Lepenies/Helmut Nolte, *Kritik der Anthropologie. Marx und Freud. Gehlen und Habermas. Über Aggression*, München 1971, S. 17

[41] F. W. Schulze hat auf den puritanischen Asylcharakter hingewiesen und ihn am Beispiel der Staatengründer von Massachusetts nachzuweisen versucht und den Begriff der Staatsutopie betont. Vgl. F. W. Schulze, *Defoes Robinsons-Saga*, Leipzig 1956, und *Die theologische Insel als Ersatz-Gottesstaat*. Festschrift für E. Barnikol zum 70. Geburtstag, Berlin 1964

[42] Defoe, a.a.O., S. 149

stärksten und konsequentesten bemerkbar im Argument der Zahl, der eine überragende Rolle in Robinsons Bericht zukommt. Der ökonomische Geist des City-Mannes, des entdeckerischen Unternehmers, billigt der Zahl geradezu eine übermächtige, fast schon irrationale Bedeutung bei. Wer zählen kann, ist schon halb gerettet. Die späteren Kämpfe mit Kannibalen, Seeräubern und Wölfen werden durch diesen Zahlenzauber zu reinen Ereignissen der richtig berechneten und manipulierten Zahl. Thomas Hobbes, von dem noch zu reden sein wird, meinte: »Alles Denken ist ein Rechnen. Alles Rechnen ein Addieren und Subtrahieren.«[43] Hier kann sich der vor dem blinden Augenblick und dem sinnlichen Eindruck Verwirrte in eine Abstraktion, die nicht verwirrbar scheint, retten, solange sie für ihn spricht. Diese Eigenliebe zeigt sich aber auch in Robinsons Verhalten gegenüber Freitag. Es ist das Verhalten des »gerechten«, gleichgültigen weißen Herren gegenüber dem »guten«, farbigen Diener. Mit Freitags Eintreffen auf der Insel ändert sich Robinsons psychologisch labiles Verhalten. An die Stelle der Ängste eines isolierten Subjekts treten mehr und mehr die planerischen Entschlüsse des überlegenen Herrschers der Insel.

Auffällig, gerade vor dem Hintergrund der erörterten empfindsamen Rezeption des Stoffes ist aber, daß Robinson keine emotionellen Beziehungen zu seinem Lebensgefährten zeigt. Strukturell-stilistisch brechen mit Beginn der Freitag-Robinson-Geschichte, dem eigentlich rührenden Motiv des Defoeschen Romans, die vorher so häufigen Selbstdarstellungen ab. Wir erfahren nichts oder wenig über die Wirkung, die das plötzliche Eintreffen eines menschlichen Wesens auf den so lange in Einsamkeit Lebenden gehabt haben muß. Nachdem das jahrelang zitternd Erwartete und dann so plötzlich Eingetroffene da ist, erscheint es Robinson nur noch von strategischer Wichtigkeit für seinen Fluchtplan. Abgesehen von seinen erzieherischen Plänen.

Man hat diese mangelnde Emotionalität auch in Beziehung gebracht mit dem puritanischen Geist des Profits, den Max Weber untersucht hat.[44] Dabei findet die anthropologische Thematik des »Wilden«, die sich Robinson schon lange Zeit aufdrängte,

[43] Vgl. Ernst Cassierer, *Die Philosophie der Aufklärung*. Tübingen 1932. S. 347

[44] Vgl. Watt, a.a.O., S. 234

bevor die eigentliche Aufklärung sie zu ihrem Thema machte, schon eine erstaunliche, undogmatische, empirisch orientierte und demzufolge humane Formulierung. Der Wilde wird selbst im Kannibalismus nicht schlechthin, wie es der zeitgenössische spanische Katholizismus tut, als Tier angesehen, das man bestenfalls durch Christianisierung zum Menschen emporheben konnte, sondern der Wilde wird in seiner besonderen, uns gleichberechtigten, eigenen Gesetzlichkeit anerkannt und zwar auch dann noch, wenn man sich gezwungen sieht, ihn nach den Vorstellungen der christlichen Zivilisation und des persönlichen Nutzeffekts zu erziehen. Robinsons Versuch, den Wilden, ja den Kannibalen nicht nach dem moralischen Regelsystem der Europäer zu verurteilen, sondern innerhalb der ihm adäquaten Gesetze zu begreifen, erinnert sehr an die von John Locke 1689 veröffentlichte, im ersten Buch des *Versuchs über den menschlichen Verstand* entwickelte Ansicht, warum die »caraiben« und andere südamerikanische Indianer, die ihre eigenen Kinder mästen und verzehren, das eben nach ihrer Sitte tun. Ein Tatbestand, der für Locke eines der von ihm angeführten Argumente liefert, daß es keine eingeborenen Ideen geben könne und so auch die Menschen keineswegs alle nach den gleichen Moralregeln leben könnten.[45] Freitag, der zunächst auch Kannibale ist, wird im Sinne dieser »liberalen« Empirie erzogen. Er bleibt aber Mittel zum Zweck, ist kein eigener Zweck, ist noch nicht der »glückliche Wilde«, dessen Zustand erstrebenswert wäre für den zivilisationsflüchtigen Europäer. Diese anthropologische Position bleibt zwar utilitaristisch und verdrängt Robinsons empfindsame Sympathie, scheint aber gegenüber dem regressiven Moment der späteren Naturseligkeit natürlicher, wahrer, weniger ideologisiert[46], das heißt diese Position geht eher von einsehbaren und heute wieder zu diskutierenden anthropologischen Bestimmungen aus.

Agrarische, handwerkliche Autarkie und ein rationalisiertes Herr-Knecht-Verhältnis sind Elemente der vorbildlichen Kolonie- und Plantagewirtschaft. Zieht man zu diesem ökonomischen Musterbild die Tatsache hinzu, daß Robinson später seine Insel als interessierter Eigentümer wieder besucht, so

---

[45] Vgl. John Locke, *Versuch über den menschlichen Verstand.* Erster Band. Berlin 1894, S. 63 ff.
[46] Zur Bedeutung der Reise in der Aufklärungsliteratur vgl. Lepenies, *Soziologische Anthropologie*, a.a.O., S. 98 ff.

könnte man wohl der Idee eines gelungenen ökonomischen Experiments oder gar Staatsmodells, das in Romanform erzählt wurde, anhängen, wie es die erwähnten Wirtschaftstheoretiker getan haben. Alle solche sich an ein ökonomisches Motiv fixierenden Annäherungsdefinitionen übersehen natürlich ebenso wie die Versuche der Aufklärungs-Idylle, daß dies vor allem die Geschichte einer Einsamkeit ist: kein geometrischer Staatsroman, sondern die dynamische Erzählung von einem Mann, der in ganz aussichtsloser Lage zu überleben versuchte. Die bisherige Faszination darüber, wie Robinson das praktisch vollbringt, ist in sich illusionistisch, weil Robinson in Wirklichkeit niemals überlebt hätte, was alle vergleichbaren Schiffbruchfälle jener Zeit, die Defoe für sein Buch benutzt hat, beweisen.[47] Robinson wäre entweder an Entkräftung gestorben oder, hätte er physisch überlebt, wegen der totalen Isolation wahnsinnig bzw. stumpf geworden.[48] Jede zukünftige Faszination vor diesem Thema kann also gar nicht einfach dem romanesken Inhalt, das heißt hier dem glückhaften Überleben gelten, sondern der Perzeption, unter der dieses Überleben zustande kommt. Ihre Form ist schon erörtert worden. Ebenso verschiedene ideologische Auslegungen. Nunmehr kann der eigentlich utopische Aspekt des Romans, der nicht in einem staatsutopischen Modell und nicht im Motiv der Fluchtinsel liegt, näher untersucht werden: Handeln ohne Gewißheit.

3. Das utopische Subjekt

Robinson, der Freitag mit dem Fernrohr belauerte, erholte sich von dem Schrecken, der ihn befiel, als er sah, daß Freitag direkt auf sein verborgenes Versteck zuhielt. Und nur drei Indianer, die Verfolgung aufnahmen, denen Freitag im Laufen weit überlegen war. Bei diesem neuen Anblick faßte Robinson wieder Mut. Er wußte noch nicht genau zu was, zu welchem Zweck, obwohl er ja geplant und sogar den Plan geträumt hatte. Aber als ihm der Gedanke kam, daß jetzt Gelegenheit sei, sich einen Diener und menschlichen Lebensgefährten zu erobern, da kam

[47] Zu den authentischen Quellen, vgl. *Defoe*, a.a.O., S. 935 f. Ferner: Hettner, a.a.O., S. 304
[48] Vgl. hierzu auch Kott, a.a.O., S. 155 und Watt, a.a.O., S. 253 ff.

ihm dieser Gedanke doch wieder so plötzlich, so als ob er ihn nie gedacht, nie vorbereitet hätte. Der Lauf des Freitag war zu Ende und mit ihm Robinsons Tagtraum, der ihn gerettet hatte. Denn nur einer, der ständig mit den wechselnden Eindrücken beschäftigt ist, konnte diese jahrzehntelange Monotonie überstehen. Aber wenn er wirklich allein gewesen wäre, wenn man es so restlos aufgehend erklären könnte, dann hätte Robinsons Verhalten, seitdem er zum ersten Mal die fremde Fußspur sah und tief erschrak, nicht bis heute unsere 'große Sympathie und Anteilnahme gehabt, die ihm sicher ist, solange er den Lauf des Freitag verfolgt.

Das Ende des Helden der westlichen Welt

Der Wirtschafts-Individualismus als Weltepoche geht zu Ende, seine Ethik läßt uns schon lange kalt. Freitag lief zwar aus der Wildnis in unsere Zivilisation, aber wir sehnen uns inzwischen mindestens ebenso nach ihr zurück und aus noch weit besseren Gründen als Rousseau und nach ihm Thoreau. Robinsons Enkel spätestens haben die Moral des Helden der westlichen Welt aufgegeben. Aber eine psychologische und kognitive Hinterlassenschaft ist geblieben, die zu leugnen die pure Heuchelei wäre und die sich wahrscheinlich auch damals ansatzweise herausbildete. Sie beschäftigt uns weiterhin als kulturelles Problem, als Erlebnis, als Wahrheit, auch wenn neuerdings Literaten dieses Erbe leugnen und Freitag spielen wollen.

Diese Wahrheit läßt sich nicht einfach als ökonomisch determiniert erklären und somit als erledigt abschieben, weil die ökonomischen Voraussetzungen sich entweder auflösen oder aber nicht mehr wünschenswert sind. Sie läßt sich deshalb nicht wegschieben, weil diese Wahrheit eine erzählte Wahrheit geworden ist und in dieser erzählten Form auch ihren ideologischen Inhalt verändert hat. Gewiß, es ist ein Plädoyer für die Stärke jenes nie aufgebenden Individualismus, der immer auf Besitz und Ausbeutung der ihm zugefallenen Erde pocht. Es ist die fast brutale Botschaft von der unerschütterlichen, gottgewollten Autarkie des unternehmerischen Ichs. Sie ist als spezifisch angelsächsisch-puritanische Ideologie in die Filmstereotype vom Wilden Westen eingegangen, wo ein von allen verlassener Farmer oder Sheriff immer wieder das Unmögliche versucht und zum dritten Mal aufsteht, nachdem ihn zahlenmäßig überlegene

Gegner zweimal zu Boden geschlagen oder ihm das Haus in Brand gesetzt haben. Das ist die eine, zur puren ideologischen Formel verkürzte Möglichkeit. Die andere aber hat sich dem ideologischen Vorverständnis entzogen und reduziert das Inbild vom souveränen Ich auf nichts anderes als auf den Stand des bevorstehenden Todes, auf die nackte Überlebenschance. Der puritanische, selbstgerechte Farmer weiß genau, daß er beim dritten Aufstehen gegen seinen Gegner einer besonderen Moral gehorcht. Nur ihrer eingedenk steht er überhaupt auf. Die Ideologie hat ihn längst so programmiert, daß die reale, konkret empfundene Situation gar keine Bedeutung mehr für ihn hat.

Ganz anders Robinson: Er hat alles vergessen, was man ihn lehrte, zumal er des Vaters Mittelstandsweisheit nie annahm. Er gehorcht keiner Ideologie mehr, wie im privaten Leben sein Erfinder Defoe. Er gehorcht ganz und gar nur noch der immer neu sich herauskristallisierenden, konkreten, seine Sinne gefangen nehmenden Situation. Nur sie hat Bedeutung für seine Handlungen und sein Denken. Robinson lebt wirklich im Stande der nackten Überlebenschance, und die Londoner City ist weit. Wissen drückt hier den Mut. Die Individualität des Einsamen kennt keine theoretische Identifikation mehr, nur als ein Handelnder denkt hier einer noch und überlebt dadurch. Wie schon angedeutet, wissen wir, daß Robinson in Wirklichkeit gar nicht hätte überleben können. Deshalb gerade bedeutet die Konzentration dieser Figur auf Bedingungen des Wahrnehmens, Urteilens und Handelns eine Stilisierung. Sie ist der Hinweis auf die besondere Art dieser Anstrengung und gibt die Möglichkeit, diese Überlebensgeschichte als Utopie zu lesen: nicht als real geschehenes oder realistisches Abenteuer, sondern als hypothetisches. Wenn wir dabei die intellektuellen und emotionellen Voraussetzungen dieser Utopie erkennen, stoßen wir früher oder später auf die hier elementar wirkende Beziehung von Subjektivität und Antizipation. Sie aber ist das Bestimmungsmerkmal unserer eigenen Lage, wenn wir bereit sind, sie wirklich anthropologisch klären zu wollen und nicht bloß an verabredeten ideologiekritischen Klischees festzumachen. Wir tun es auf dem Umweg über Robinsons Lage, weil dieser Lage als einem sinnlichen Modell mehr zuzutrauen ist als theoretischen Vorschlägen und weil diese Sinnlichkeit auch unmittelbarer dem Leser einleuchtet.

Robinson hatte, wie festgestellt worden ist, in all diesen schrecklichen und fröhlichen Augenblicken, in diesem Zerfall seiner Zeit in tausend verschiedene Eindrücke und Entscheidungssituationen, die City vergessen, auch wenn er im moralischen Resümee seines Erfinders immer wieder von ihr sprach und sich durch ihre Moral leiten ließ. Aber für die tausend Augenblicke half ihm die City nicht. Für uns, die wir diese tausend Augenblicke als etwas anderes verstehen wollen als die nur individualpsychologisch zu deutenden Reaktionsweisen eines Gestrandeten, werden nun zwei Zeitgenossen von Robinson und Freitag wichtig. Diese dachten zwar mehr als sie handelten, aber sie machten gerade das Handeln zum Thema ihres Denkens: Thomas Hobbes und John Locke.[49]

Robinsons Begierde und der »Leviathan« von Thomas Hobbes

Robinson hat immer eine gewisse Genugtuung darüber empfunden, daß sich zwischen wichtigen Daten seines Lebens die Korrespondenz von Jahreszahlen herstellen ließ. Er hätte es sicher für beziehungsreich gehalten, hätte er gewußt, daß eben in dem Jahre, als er zum ersten Mal seine Heimat und den Hafen von Hull verließ, nämlich im Jahre 1651, die Hobbes'sche Schrift Leviathan zum ersten Mal in englischer Sprache erschienen ist, nachdem die Grundzüge schon 1641 in »De Cive« formuliert waren. Zwei Jahre nach der Hinrichtung Karls I. war diese Schrift eine erste große intellektuelle Antwort auf den englischen Bürgerkrieg, der eine apokalyptische

---

[49] Während Locke als Beziehungsperson allgemein erwähnt, wenn auch nie im Defoe'schen Kontext näher befragt wird, ist Hobbes unbeachtet geblieben. Als geistesgeschichtliche Beziehungsfiguren für Defoe macht Ian Watt auf beide Philosophen aufmerksam, a.a.O., S. 229. Ebenso Rudolf Stamm in: Der aufgeklärte Puritanismus Daniel Defoes. Zürich und Leipzig 1936, S. 41. Schon G. A. Aitken führt Locke als einen Defoe vertrauten Philosophen an in Defoe's Library. The Athenäum, Jun. I. 1895. Die Rolle des Locke'schen Erkenntnismodells ist zuletzt von Heinz Rittersberger im Anschluß an E. Wolff Der englische Roman im 18. Jahrhundert. Wesen und Form. Göttingen 1964, ausführlicher bedacht worden, allerdings in dem negativen Licht der schon erwähnten einseitig idealistischen Wertung, a.a.O., S. 47. Wolffs These, daß die Locke'sche »Sensation« im Robinson Crusoe konkret umgesetzt wird, ist ein wichtiger Gedanke, während die »Reflection« – darin ist Rittersbergers Kritik beizupflichten – im Robinson gerade fehlt, ein Tatbestand, aus dem allerdings unterschiedliche Schlüsse gezogen werden können.

Epoche[50] einleitete, in der das, was Robinson selbst in seiner Person begrifflich und sinnlich darstellte, nämlich Wahrnehmung und Begierde, im Großen und Ganzen dargestellt ist. Es wird erkennbar werden, inwieweit die aufgeklärten Liebhaber und Entdecker des *Robinson* ebenso sehr wie ihre marxistischen Kritiker diesen substantiellen Kern von Robinsons Welterfahrung übersehen haben. Man vergewissert sich seiner begrifflich am besten, wenn man die historisch konkret vermittelten Gedankengänge von Thomas Hobbes einbezieht. Das ist um so folgerichtiger, als Hobbes' Theorie der menschlichen Natur aktuell blieb, keine geistesgeschichtliche Reminiszenz. Im herausfordernden Gegensatz zu den späteren Theoretikern von der menschlichen Glückseligkeit ging Hobbes von der verderbten Natur des nachparadiesischen Menschen (Rousseau wird später in seiner Geschichtstheorie die Depravierung und Entfremdung des Menschen im Geschichtsprozeß darstellen) aus und von der Annahme, daß der Mensch dem Menschen ein Wolf sei. Das wurde sein bekanntester Satz, wenngleich er keineswegs von ihm erfunden worden ist, sondern schon den Renaissance-Philosophen bekannt war. Hobbes wollte mit diesem Satz kein moralphilosophisches Verdikt aussprechen – wie viele derjenigen, die sich später positiv oder negativ auf diesen Satz bezogen –, sondern er nahm eine anthropologische Bestimmung vor, nach welcher der Mensch sozusagen physikalisch-materialistisch einen dynamischen Körper darstellt.[51] Dieser Körper ist auf eine solche Art definiert, daß sich aus ihm das beschriebene Verhalten Robinsons erklären ließe. Ein

[50] Zu Defoes autobiographischem Anteil vgl. R. Stamm, a.a.O., S. 153. Zur sozialen Mobilität des englischen 17. Jahrhunderts vgl. Bernhard Willms, *Revolution und Protest oder Glanz und Elend des bürgerlichen Subjekts.* Stuttgart 1969, S. 20 f.

[51] Zur mythologischen Wirkungsgeschichte dieses Satzes vgl. Carl Schmitts bedeutende Darstellung *Der Leviathan in der Staatslehre des Thomas Hobbes.* Sinn und Fehlschlag eines politischen Symbols. Hamburg 1938, S. 9 ff. Schmitt wandte sich damals polemisch gegen eine individualistische Inanspruchnahme des *Leviathan*, die allerdings innerhalb jener Diskussion eine andere These enthielt, als der wir hier folgen werden. Siehe Carl Schmitt, ebda., S. 22. Der individualistische Ansatz von Hobbes wird heute kaum mehr bestritten, wenn auch die Folgerungen unterschiedlich beurteilt werden. Vgl. hierzu vor allem C. B. Macpherson, *Die politische Theorie des Besitzindividualismus von Hobbes bis Locke.* Frankfurt a. M. 1967, S. 13; Reinhart Koselleck, *Kritik und Krise.* Ein Beitrag zur Pathogenese der bürgerlichen Welt. 2. Auflage. München 1959, S. 18 f. und Bernhard Willms, a.a.O., S. 16

mechanistisches Verhalten ist nämlich bei Robinsons Wahrnehmungsformen auf Schritt und Tritt nachzuweisen: sein Zö-
gern, seine Freude, sein Schrecken, sein wankender Entschluß,
seine Neugier. Alle diese Gefühls- und Geistesregungen werden, unsere Tabelle zeigte das, nicht etwa psychologisch-mora-
lisch vorbereitet, sondern sie sind plötzlich, in abermaliger
Wiederholung, abrupt da, und abrupt verschwinden sie wieder,
so als handle es sich um eine Krankheit oder als werde ein
Instrument an Drähten gezogen, das naturwissenschaftlichen,
mechanistischen Gesetzen unterliegt. Moralische Kriterien
wendet Hobbes auf diese oder jene Verhaltensweise nicht an,
sofern sie im Naturzustand, das heißt im vorvertraglichen Bereich, stattfindet:

»Bei dem Kriege aller gegen alle kann auch nichts ungerecht genannt
werden. In einem solchen Zustande haben selbst die Namen gerecht
und ungerecht keinen Platz. Im Kriege sind Gewalt und List Haupttu-
genden; und weder Gerechtigkeit noch Ungerechtigkeit sind notwendige Eigenschaften des Menschen; weil, wenn es nämlich so wäre, sie
auch bei demjenigen angetroffen werden müßten, der einsam und allein
auf der Welt lebt. Sie sind Eigenschaften des Menschen, aber nicht
insofern er Mensch überhaupt, sondern sofern er Bürger ist.«[52]

Bernhard Willms hat im Anschluß an Joachim Ritter auf die
»ungeheuere geistesgeschichtliche Bedeutung« dieser analytischen Isolierung des Menschen hingewiesen, wodurch der
Mensch als Abstraktum im politischen Ganzen entdeckt worden sei und als ein »an sich« sichtbar werde.[53] Erst nachdem
der aristotelische Begriff vom »Zoon Politicon« relativiert
wird, wonach der Mensch nicht ein soziales Wesen schlechthin
ist, sondern eines, das in der Polis zu seiner Bestimmung
kommt, kann er als freies Individuum gedacht werden. Wie
weit diese Idee auch ideologiekritisch eingeschränkt werden
muß durch ihre Bindung an den aggressiven Besitz[54], bekommt
sie doch etwas Evidentes, wenn man sie ganz versinnlicht und
vorbegrifflich in Robinsons Verhalten sucht. Daß man dies
kann, darin liegt die hervorragende Bedeutung des Defoeschen
Romans: Genau dies nämlich gibt den langen Verhaltensschil-
derungen ihre intellektuelle Brisanz, daß hier noch vorideolo-

---

[52] Thomas Hobbes, *Leviathan*. Übersetzt v. J. P. Mayer, Stuttgart 1970,
S. 117
[53] Vgl. Willms, *Die Antwort des Leviathan*, a.a.O., S. 91
[54] Vgl. hierzu MacPherson, a.a.O.

gisch, sozusagen im materialistischen Zustand des Besitzindividualismus inszeniert worden ist wie ein menschliches »An
sich«. Es korrespondiert direkt mit Hobbes' Theorie vom sinnlich wahrnehmenden Menschen als einem bewegt-gefährlichen
Körper, dessen Bewegung Trieb und Leidenschaft ist. Der Besitzindividualismus ist die historisch-epochale Versicherung,
tödliche Bedrohung und Angst sind die generellen Konstanten.
Es heißt deshalb die Bedeutung von Robinsons induktivem
Verhalten verkennen, wenn man den Reflexionsverlust einseitig als »naiv–empiristischen« Mangel des Puritaners versteht.[55]
Daß darin vielmehr eine Wahrheitsfindung liegen könnte, die
dem deduktiv-metaphysischen Vorgehen überlegen ist, wird
bei solcher Einschätzung nicht gefragt. Robinsons »Naivität«
garantiert aber gerade die lakonische Originalität seines handelnden Denkens. Ein solches Denken ist der idealistischen
Kritik, die »Geist« gegen »Empirie« ausspielt, intellektuell gerade deshalb überlegen, weil hier die Tabula rasa des Verstands
nichts Ungeprüftes enthält, sondern das Notwendige.
Gewiß mehr eine metaphorische als systematische Bedeutung
hat es, wenn Robinson am Ende des ersten Teils durch Wölfe
in äußerste Gefahr an Leib und Leben gerät. Aber nirgends,
auch nicht beim Zusammentreffen mit den Kannibalen, erreicht die Schilderung vom Kampf auf Leben und Tod so sehr
die Perspektive des beispiellos Bestialischen und Grauenhaf-
ten, des Vorerlebens des Todes, wie der Kampf mit den Wölfen.
Obschon auch dieser Kampf in der ökonomisch-sachlichen
Manier eines Zahlenrapports geschildert wird und die pragma-
tische Naturtreue sich in der Wiederholung von schon Gesag-
tem erweist, erreicht die Schilderung der todbringenden Wolfs-
gier fast schon etwas Allegorisches: Es ist wie die reine
mörderische Begierde und Bewegung selbst, die kühl referiert
hier repräsentatives Entsetzen verbreitet. Die allegorische Bedeutung des Wolfskampfes wird dadurch erhöht, daß dieser
zwar schrecklicher und schlimmer ist als die vorangegangenen
Kämpfe, daß sich aber die Wölfe als Gegner nicht unterscheiden von den Kannibalen und den Meuterern früherer Kämpfe.
In Robinsons Perspektive ist der Kampf mit Menschen und
Wölfen dasselbe. Die unbewegte Genauigkeit, in der das ge-
genseitige Abschlachten oder Fressen beschrieben wird, hat

[55] So Rittersberger, a.a.O., S. 19

etwas naiv Selbstverständliches, als ob hier sich nur ein schreckliches, aber unumstößliches Naturgesetz vollziehe. Es liest sich wie eine Veranschaulichung des Hobbesschen Satzes, daß jeder Mensch wegen des ihm eingeborenen Selbsterhaltungstriebes das Recht auf alle Handlungen habe. Das ist der Hobbessche Naturzustand, die Begierde, die im englischen Bürgerkrieg hervorbrach, als ein »Krieg eines gegen jeden«.

Robinsons Entschluß, zur See zu fahren, entsprach nicht nur keinem Plan, war auch nicht bloß Leichtsinn des sich in York langweilenden Jungen aus dem unteren Mittelstand. Ausdrücklich beginnt er seinen Bericht mit dem Wort »Begierde«: Es sei »Begierde« gewesen, die ihn auf die See trieb, »ein dämonischer Zwang«.[56] Umgekehrt gehorcht Robinsons Entschluß, Freitag zu retten und sich als Gefährten-Diener zu assoziieren, ebenfalls der Hobbesschen Theorie über den dialektischen Zusammenhang von Bedrohung und Machtausübung. Bernhard Willms beschreibt diese Theorie wie folgt und auch sie ist, in diesem Lichte besehen, direkt beziehbar auf Robinsons Verhalten: »die tödliche Bedrohung der völlig unschuldig zu denkenden Individuen – unschuldig wie Wölfe – entbindet gleichzeitig die sozialen Möglichkeiten; ›Masse‹ kann der einzelne nur dadurch gewinnen, daß er sich mit anderen für seine oder für gemeinsame Interessen verbindet. Ständig bedroht, begibt er sich – der Not gehorchend – auf die Suche nach Macht. Die Unsicherheit jeder Position zwingt ihn, ständig zu vergleichen, und so wird ›power‹ in das System eingeführt: ein reiner Vergleichswert, ein ›general reinforcer‹, in den alle Beziehungen zwischen Menschen überführt werden können.«[57]

Sinnliche Evidenz, nicht nur geistesgeschichtliche Beziehung

Wenn hier ein so besonderer Wert auf die Korrespondenz zwischen Robinsons Reaktionen und Entscheidungen einerseits und Hobbes' Theorie vom Menschen andererseits gelegt wird, so nicht deshalb, um geistesgeschichtliche Vermittlungen von Literatur darzustellen. Eine solche direkte, unmittelbare Ab-

---

[56] *Defoe*, a.a.O., S. 36. Zur ökonomischen Begründung dieses Dynamismus vgl. Watt, a.a.O., S. 232
[57] Willms, a.a.O., S. 101f.

hängigkeit Defoes von Hobbes ist gar nicht zu beweisen. Vielmehr sollen Hobbes' Gedanken im konkret sinnlichen Kontext der Robinson-Figur gegenüber allzuschnell zugreifender Ideologiekritik geschützt werden. Damit sei nicht behauptet, Hobbes habe eine noch in allen Punkten verbindliche Anthropologie entworfen, gegen die Marx schon einwandte, sie sei nur das Konzept des bürgerlichen Menschen. Aber die konkrete Bestimmtheit und ästhetische Stimmigkeit der Robinson-Figur wirft beispielhaft für literarisches Denken überhaupt die Frage nach der anthropologischen Konstante auf, ohne deren Annahme und Thematisierung Literatur längst rein formalistisch verkommen wäre.[58]

Die tödliche Bedrohung ist jene Konstante, die jeder unabhängig von besonderen Determinanten kennt. Deshalb ist diese Bedrohung bis heute zentrales Spannungsmoment der Erzählung geblieben. Damit ist nun jener Hobbessche Gedanke genannt, den Robinsons Gefühlschaos am eindringlichsten belegt und von wo aus unser zentrales Problem, Subjektivität und Antizipation, gelöst werden kann: Die Bedrohung ist nämlich jene Motivation, wodurch der Bedrohte etwas verändern will, das heißt sich selbst in der Zeit vorwegnimmt. Es war schon früher festgestellt worden, daß die Furcht, sie ist Robinsons konstantestes Gefühl, seine Zukünftigkeit hervorbringt. Wenn die Meinung richtig ist, das ursprünglichste Anthropologikum bei Hobbes sei der Satz über des Menschen Angst vor dem Hunger, den er in der Zukunft hat[59], dann wird diese Meinung durch Robinsons Reflexionen besonders überzeugend veranschaulicht.

John Lockes Versuch über den menschlichen Verstand und Robinsons Unbehagen

Diese anthropologische Herleitung der Zukünftigkeit des Menschen wird unterstützt durch erkenntnistheoretische Überlegungen, die ein anderer Zeitgenosse Robinsons, John Locke, in seinem schon erwähnten Versuch über den menschlichen Verstand angestellt hat, veröffentlicht 1689, kurz nach

[58] Zur Diskussion einer »universalen Kernnatur des Menschen« vgl. Lepenies, *Soziologische Anthropologie*, a.a.O., S. 126
[59] Vgl. Willms, a.a.O., S. 105

der glorreichen Revolution. Locke leitet im Kapitel 21 des zweiten Buches, betitelt *Von der Kraft* den Willen zum Handeln vom Gefühl des Unbehagens ab. Schon die Beschreibung des allgemeinen »Unbehagens« wird lebhaft von Robinsons besonderen Unbehagen illustriert, wie umgekehrt diese literarische Illustration durch Locke auf den Begriff gebracht wird:

»Was bestimmt den Willen zu dem einzelnen Handeln? so möchte ich bei näherer Erwägung nicht, wie gewöhnlich, das größere in Aussicht stehende Gut dafür angeben, sondern das (und zwar meist das drückendste) Unbehagen, in dem man sich zur Zeit befindet. Dieses Unbehagen bestimmen der Reihe nach den Willen und führen zu dem Handeln, was man vollbringt. Man kann dieses Unbehagen ein Begehren nennen, da dieses das aus dem Mangel eines fehlenden Gutes entstehende Unbehagen ist. Alle körperlichen Schmerzen jeder Art und alle Unruhe der Seele ist ein Unbehagen, und damit verbindet sich allemal ein dem Schmerze oder dem Unbehagen gleiches Begehren, von welchem man es kaum unterscheiden kann.«[60]

Derjenige, der in seinem gegenwärtigen Zustand zufrieden ist, der kein Unbehagen kennt, den treibt auch keine Triebfeder zum Handeln. Deshalb, so Locke, hat Gott in den Menschen »das Unbehagen des Hungers und des Durstes und anderer natürlicher Begierden gelegt«, damit des Menschen Wille regelmäßig angeregt wird. Der Schmerz, nicht die Vorstellung einer Lust, bestimmt den Willen zur Veränderung. Damit wendet sich Locke gegen die überkommene, aus der Scholastik stammende vorherrschende Lehre, wonach das »Gut und das größere Gut« den Willen bestimmen.[61] Das eben tut nach Locke der Schmerz, um so mehr als er gegenwärtig ist, während die Betrachtung eines entfernten Guts dieses Gut nicht herbeiführt: »So lange also die bloße Vorstellung irgendeines Guts in der Seele ist, bleibt sie, wie andere, nur Gegenstand untätiger Betrachtung, aber wirkt nicht auf das Wollen und treibt nicht zur Tat . . .«

Die konkrete Gegenwart des Unbehagens und Schmerzes überwiegt als Handlungsantrieb absolut die bloße Vorstellung eines Guts. Locke schreibt:

»Das anerkannt unendlich größte Gut wird oft vernachlässigt, um die verschiedenen Unbehagen aus unserm Verlangen nach Kleinigkeiten

---

[60] *John Locke's Versuch über den menschlichen Verstand.* In vier Büchern. Erster Band. Übersetzt und erläutert von J. H. v. Kirchmann. Berlin 1894. 2. Aufl., S. 275
[61] Ebda., S. 277

zu beseitigen. Das anerkannt größte, ja immerwährende und unaussprechbare Gut bewegt wohl manchmal die Seele, aber hält den Willen nicht fest, während jedes große und erhebliche Unbehagen den Willen, wenn es ihn einmal erfaßt hat, nicht losläßt. Daraus kann man abnehmen, was den Willen bestimmt. So hält ein heftiger körperlicher Schmerz oder die unbezwingliche Leidenschaft eines verliebten Mannes oder das ungeduldige Verlangen nach Rache den Willen stetig fest, und dieser läßt, wenn er so bestimmt ist, den Verstand nicht den Gegenstand bei Seite legen; vielmehr werden alle Gedanken der Seele und alle Kräfte des Körpers ohne Unterlaß in dieser Richtung durch den Entschlusse des Willens bewegt, welcher durch jenes peinigende Unbehagen so lange bestimmt wird, als es besteht.«[62]

Was anderes als die konkrete, immerwährende Gegenwart des Schmerzes, des Unbehagens und der Angst vor Hunger haben Robinsons Verhalten bestimmt. Seine verschiedenen alltäglichen Reaktionen enthalten beides: Elemente sowohl von Lokkes als auch von Hobbes' anthropologisch verwendbaren, empirischen Denkmotiven: 1. den Konkretismus des Lockeschen erkenntniskritischen Ansatzes, der alle Vorstellung aus der sinnlichen Erfahrung ableitet[63] und dem Menschen aufgibt, nicht nach angeblich angeborenen Grundsätzen zu urteilen, sondern selbst zu denken und zu erkennen.[64] Es ist wie eine vorweg genommene Erläuterung zu Robinsons Handeln und Denken und tastendem Antizipieren, wenn Locke in seinem einleitenden »Brief an den Leser« die Forschungen des Verstandes nach Wahrheit mit einer »Art Jagd« vergleicht und feststellt:

»Der Verstand urteilt, gleich dem Auge, über die Gegenstände nur nach seinem eigenen Gesicht; was er entdeckt, muß ihm deshalb Freude machen, und was ihm entgeht, kann ihn nicht betrüben, weil es ihm unbekannt bleibt. Wer sich über den Almosenkorb erhoben hat und nicht bloß träge von den Brosamen erbettelter Meinungen lebt, sondern es unternimmt, durch eignes Denken die Wahrheit zu finden und zu verfolgen wird (was er auch erlangt) die Zufriedenheit des Jägers empfinden.«[65]

Robinsons Reaktionen zeigen aber auch den Voluntarismus, der in Lockes Unbehagen-Theorie steckt, mehr aber noch an Hobbes Lehre von den Begierden zu erläutern ist. Der Aktivis-

[65] Ebda., S. 19

mus zwischen Blindheit im Augenblick und Vorwegnahme der Zukunft, an verschiedenen Denk-Motiven beider Philosophen zu studieren, ist das utopische Motiv der ganzen Robinson-Geschichte, auf das wir hinauswollen. Aus dem theoretischen Kontext herausgeholt und in die sinnliche Unmittelbarkeit eines Abenteuers gestellt, sei dies nun vom Dichter selbst so gedacht oder bloß vom heutigen Leser hergestellt, bekommen diese beiden Anschauungskategorien, also das Konkrete und das Voluntaristische, eine unmittelbare Evidenz.

Es sind die besonderen Umstände der geschilderten exemplarischen, repräsentativen Not, die Denken und Handeln unter solchen Bedingungen wahrscheinlich machen. Hier wäre dann auch die Bedingung der »materiellen Umstände« erfüllt, die Marx in der Diskussion mit Stirner über die anthropologische Frage geführt hat, ob eine Begierde fix ist oder nicht.[66] Damit wird die entscheidende Frage nach der Erkenntnisfunktion von Literatur vorläufig beantwortbar: Sie selbst stellt als konkrete, sinnliche Veranstaltung immer schon eine voluntaristische Lage her. Im Gegensatz zur Philosophie und den Wissenschaften erreicht ihre Sinnlichkeit immer irgendwann einen Punkt, wo sie sich als das ästhetisch-literarisch Besondere dem Allgemeinen entzieht. Die ideologiekritischen Scheinwerfer erfassen sie nicht mehr ganz. Die literarische Darstellung bezieht ihre Kraft ja gerade daraus, daß hier die »Begierden« unter »materiellen Umständen« erscheinen und diese »Begierden« als anthropologische Konstante deshalb wahrscheinlich werden. Enthält Literatur aber darüber hinaus selbst noch philosophisch begründete, voluntaristische Motive, dann bekommt sie einen strategischen Wert für die Beantwortung des noch ausstehenden Problems von Subjektivität und Antizipation.

Das ist ja der Antrieb für diese Untersuchung gewesen: Wie konnte Robinson überleben, wo er doch nur die tausend sinnlichen Augenblicke hatte, blind vor der Zukunft und dennoch ständig Zukunft herbeiführend? Dies, so war weiter unser Antrieb, ist keineswegs ein allegorisches Bild über die Lage des Menschen im 17. Jahrhundert. Es ist vielmehr noch die Lage von heute Lesenden und Denkenden. Denn, so könnte man einwenden, was spricht von vorneherein für die günstigeren, intellektuellen Voraussetzungen Robinsons bei aussichtslose-

---

[66] Vgl. Lepenies, *Kritik der Anthropologie*, a.a.O., S. 14

ren realen Umständen? Etwas, das fast den Ausschlag geben muß: der Plan Gottes. Für unseren Zusammenhang wird beziehungsreich, daß Robinson immer von Gott als dem »Vorhersehenden« spricht. Von Beginn an also ist das, was wir mit dem organisationstheoretischen Begriff der »Antizipation« problematisieren, in einem theologischen Sinne beantwortet worden. Nicht ganz! Robinson hat zwar das Thema Gott positiv für sich beendet, nachdem er jahrelang keinen Gedanken daran verschwendet hatte. Aber die schließlich sich herausbildende Überzeugung des Puritaners, daß alle Ereignisse sowieso durch einen göttlichen Plan gelenkt würden, ist bei Robinson nie lange vorherrschend. Im Gegenteil, scheinbar unerklärliche, nur als Wunder Gottes verstehbare Erscheinungen, enthüllen sehr bald ihre wahre, natürliche Ursache. Daraus aber folgt immer wieder das subjektive Bewußtsein der eigenen gefährlichen Lage, und im Lichte dieses weder für Robinson selbst, noch für den Leser seiner Geschichte je vergeßbaren Tatbestands wird die gelegentliche Erinnerung an Gottes »Vorsehung« zum utilitaristischen und riskanten Trick, zur nur halb geglaubten, sehr willkürlichen Setzung, um die berechtigte Angst vor der Zukunft für einige Augenblicke zu vergessen. Aber die Angst kehrt zurück. Die Angst ist die eigentlich utopisch formalisierbare Qualität der Robinson-Geschichte.

Die Angst als Quelle des Zukünftigen

Damit kehren wir zu den bereits erörterten äußeren Wahrnehmungsbedingungen zurück, die sich unmittelbar und ohne den Kontext der zeitgenössischen Philosophie zu bemühen, aus Defoes Text ergaben. Nach dem nunmehr hergestellten historischen Zusammenhang ist folgendes erkennbar: Die Angst ist deshalb heute für eine utopische Setzung so interessant, weil sie zu diesem Zeitpunkt, bei Beginn des europäischen Romans, noch frei ist von den Existentialien der modernen Interpretation und dafür authentischeres, anthropologisches Material enthält. Die Bedeutung der Angst für aktives, antizipierendes Verhalten haben, wie wir sahen, die empiristischen Philosophen des 17. Jahrhunderts, an erster Stelle war es Hobbes, thematisiert. Hobbes Nähe zu Robinson Crusoe liegt eben darin, daß dessen Angstzustände nichts Ontologisches über den Menschen aussagen, sondern Dynamisches.[67] Und allein von einer solch aktivistischen Argumentation läßt sich heute Robinsons Angst als utopisches Thema aktualisieren. Sie setzt in der Tat immer dort ein, wo derjenige, der Angst hat, seine augenblickliche Situation in eine zukünftige verlängert, und zwar notwendigerweise. Es sollen nicht die Angst-Augenblicke Robinsons hier gesammelt vorgeführt werden. Wichtig ist nur, sich zu vergewissern, daß sie am Anfang jeder einen neuen Prozeß, Erfindung, Veränderung, Entdeckung einleitenden Handlung stehen. Als eine reine Befindlichkeit und Atmosphäre definierendes Erlebnis gibt es sie nicht. Norbert Miller hat in seiner schon erwähnten Studie die »gefahrdrohende, beklemmende Atmosphäre« in der Robinson Landschaft verglichen mit dem panischen Schrecken, »den schon die antike Mythologie der Mittagsstille zugeordnet hat«.[68] Ich würde diese geistesgeschichtliche Beziehung nur metaphorisch gelten lassen, als Veranschaulichung eines akzidentellen Moments. Zur Darstellung eines solch mythischen Augenblicks kommt es nämlich nie, denn immer schon enthält die absolute Stille des Erschreckens die Dynamik der darauf folgenden Bewegung, weshalb Miller ja wohl auch einschränkend hinzufügt, Robinson versuche »den Schrecken durch Tätigkeit zu domestizieren«. Ich würde deshalb das Moment des Erschreckens nicht durch den geistesgeschichtlichen Vergleich literarisieren, sondern die ihm innewohnende »Plötzlichkeits-Struktur« betonen, die, wie wir gesehen haben, auch bei zeitgenössischen utopischen Texten auffällt: Da Robinsons Denken nie ein Vorausdenken ist, sondern immer ein Wahrnehmen jeweils neuer Dinge bedeutet, vollzieht es sich häufig in der Form der Epiphanie, des Unerwarteten, des jetzt, in diesem Augenblick Eintretenden. Dieser Tatbestand verwandelt die objektive Zeit von 28 Jahren in die subjektive von vielen, plötzlichen Wahrnehmungen. Nur die ständige Erwartung, sich bestätigend im Lauf des Freitag, leitet den Stillstand in Handlung über. Die Zeit wird zur Situation. In der Schreckszene, wo der Papagei Poll den schlafenden Robinson mit den Worten überfällt »Armer Robin Crusoe, Wo bist du? Wo bist du gewesen? Wie kommst du her?«[69], die

[67] Vgl. hierzu Willms' Hinweis auf das ungedruckt gebliebene Hobbes-Buch von Schelsky, a.a.O., S. 29
[68] Defoe, a.a.O., S. 27
[69] Defoe, a.a.O., S. 145

eine sehr kontemplative Situationsanalyse einleiten könnte und für den danach bedürftigen Leser durchaus etwas von existentiellem Symbolgehalt besitzt, in dieser rührenden Szene also leitet Robinsons Schrecken zu keiner Gemütsentfaltung über, sondern zu der Erkenntnis, einer Sinnestäuschung zum Opfer gefallen zu sein.

Die schwerste Erschütterung durch Angst ist diejenige, die der Entdeckung der ersten Fußspur folgte. Sie leitet gleichzeitig die fruchtbarste Analyse von Realität und Einbildung ein, ganze Reflexionsketten, die alternative Möglichkeiten von Wirklichkeit vorwegnehmen und sie regelrecht gegeneinander in Szene setzen. Es ist die Angst, die Robinsons Zukunft, den Lauf des Freitag, vorwegnimmt. Als Robinson hinter dem Fernglas liegt und Freitag jenen Entschluß faßt, der eigentlich gegen die alte Sitte und das festgefügte Ritual seines eigenen Volkes verstößt, einen Entschluß, der wenig Aussicht auf Erfolg zu haben droht (gründet er sich doch ausschließlich auf die Todesfurcht Freitags und nicht auf eine wirklich absehbare Rettung), in diesem beispiellosen Augenblick wiederholt Robinson alle vorangegangenen Augenblicke der Angst, die sich an der plötzlich entdeckten, vorerst unbekannten, ihn bald aber für die Zeit motivierenden Fußspur entzündeten. Es war ihm so, als ob Freitag schon damals losgelaufen wäre, als er die Spur erblickte, ja als ob es Freitags eigene Spur gewesen sei, die er, Robinson, jahrelang verfolgt hat, bis sie ihn zu diesem Punkt der nie ganz erforschten Insel brachte und er, Freitag, seine Zukunft, endlich erblickte. So kam aus der Furcht der Wille zur Rettung Freitags und auch die Überlegung, wie diese Rettung mit Erfolg zu bewerkstelligen sei.

Die beunruhigende Frage nach der Kohärenz von Subjektivität und Antizipation ist an diesem erzählten Fakt festzumachen: Die Vernunft, die ja erst den zukünftigen Erfolg sicherstellt und die Robinson in all den einzelnen, konkreten Handlungsaugenblicken, in denen er sich auf Freitag vorbereitet, bewegt, diese zukunftermöglichende Vernunft kommt immer aus der Angst des Augenblicks. Damit ist nicht die polemisch und beliebig kulturkritisch verwendbare Debatte über die Differenz beziehungsweise Einheit von Instinkt und Vernunft angesprochen.[70] Viel näher kommt dem hier Gemeinten oder für be-

[70] Siehe vor allem den Hinweis von W. Lepenies zur Vernunft-Debatte bei Kant und Diderot, die ein Nachspiel hat in Gehlens Bezug auf das Diderot-Wort,

nützbar Gehaltenen vielmehr wiederum jene Hobbes'sche Methode, Vernunft und Leidenschaft zu verbinden: Hobbes meint, die Neugier nach dem Warum und Wie sei eine geistige Lust. Wie weit die mehrfach geäußerte These, die Todesfurcht bringe in Hobbes' System die Vernunft hervor, für Hobbes' Ansicht des Problems wirklich zutrifft[71], ist im Zusammenhang unserer literarischen Verfolgung des Themas nicht zu erörtern. Festzuhalten bleibt aber, daß diese für Hobbes in Anspruch genommene These sich an Robinson Crusoe bewahrheitet.

Warum akzeptieren wir Verstöße gegen die Wahrscheinlichkeit?

Diese Einsicht eröffnet eine weiterführende, brauchbare Perspektive auf den utopischen Charakter unseres literarischen Zusammenhangs: Bedeutet die philosophische These, die Vernunft entstamme der Todesfurcht, eine generalisierende Aussage, eine Radikalisierung ins Ontologische, so bedeutet die literarisch-ästhetische Formulierung desselben Grundgedankens eine solche Radikalisierung nicht. Sie entwickelt in ihrer ästhetischen Besonderheit allerdings den Anspruch des Subjektiven (Angst) gegenüber dem Notwendigen und Zukünftigen (Vernunft) und macht die Schlüssigkeit des Anspruchs glaubhaft eben nur in ihrer sinnlichen Materialisierung. Die literarische Artikulation als solche geht immer auf Voluntaristisches aus. In der sinnlichen Absonderung des Gedankens steckt aber gleichzeitig der Hinweis auf seine Entfernung zum theoretisch zu Verallgemeinernden: Wir wissen ja, daß Robinsons Willen zur Tat nur deshalb nicht gebrochen wird, weil er die Indizien seines sicheren Untergangs nicht wahrnimmt. Trotzdem wenden wir das nicht gegen sein Verhalten ein, unterbrechen seine Erzählung nicht als gegen die Regeln der Wahrscheinlichkeit verstoßend, sondern akzeptieren sie. Ian Watt hat den Mannheim'schen Terminus der »utopischen Mentalität« zur Erklärung von Robinsons seltsamem Verhalten benutzt.[72] Watt meinte damit Robinsons subjektiv »utopisches« Benehmen, also seine nachweisbare Nichtachtung

daß der Mensch zum Handeln geboren sei: W. Lepenies, *Soziologische Anthropologie*, a.a.O., S. 103 f.
[71] Vgl. Willms, a.a.O., S. 107
[72] Watt, a.a.O., S. 253

ökonomischer und psychologischer Bedingungen. Er meinte aber nicht den objektiv gegebenen utopischen Zusammenhang, der in diesem Roman fiktiv hergestellt wurde und mit dem der Leser sich identifizieren kann.

Eigentlich könnte die Erkenntnis, daß Robinson allein niemals so lange überlebt hätte, doch genügen, um die Erzählung darüber als Lügenmärchen zu entzaubern. Warum aber lassen wir uns verzaubern? Wir akzeptieren die Geschichte deshalb, weil in der Versinnlichung des subjektiven Arguments wider die Notwendigkeit und Wahrscheinlichkeit eben die objektive utopische Mentalität liegt, mit der wir uns gerne identifizieren möchten. Das Utopische also steckt nicht einfach in der Kunstfigur des Romanhelden Robinson, sondern in unserer eigenen Erwartungsqualität gegenüber erzählter Subjektivität. Denn zweifellos würde uns dieselbe Information, die uns Robinson mit seiner Geschichte gab, ein Kopfschütteln entlocken, wenn sie nicht so erzählt worden wäre, wie sie erzählt worden ist. Es gibt, das zeigte sich schon bei der Analyse zeitgenössischer utopischer Literatur, offenbar kein utopisches Was mehr, aber immer noch ein utopisches Wie. Das Aussparen realer Bedingungen, die formal-ästhetische Stilisierung des Stoffs, also die literarische Methode selbst, enthält das utopische Moment, das man gewöhnlich einfach als narrative Spannung, als Erwartung des Lesers kennzeichnet.

Nichts Neues vom isolierten Subjekt

Diese Erwartung, ursprünglich einmal philosophisch oder religiös fundiert, ist durch die Gewißheiten der positiven Wissenschaften, vor allem der Soziologie, abgebaut oder auf Rudimente reduziert worden. Sie ist allerdings – daran können die Rationalisierung und informationstheoretischen Begründungsversuche nichts ändern – im ästhetischen, das heißt emotionalen Bereich noch vorhanden. Das ist kein Zufall. Es hat seine Ursache in der sozial verspäteten, das heißt isolierten Lage des schreibenden Individuums, des Schriftstellers. Die Frage nach Subjektivität und Antizipation als einem möglichen Argumentationsmodell ist keine bloß hypothetische oder akademisch aufgeworfene Frage, literarhistorisch durchexerzierbar am *Robinson Crusoe*. Vielmehr ergibt sich diese Frage ganz notwendig aus der Tatsache, daß der Schriftsteller, sofern er

Macher fiktiver Literatur ist, sich noch immer in der Lage eines Handwerkers zu Beginn der Neuzeit befindet: vergleichbar nahezu dem frühen bürgerlichen Subjektivismus des Meisters. Er ist nach wie vor »das herstellende Wesen«[73] geblieben, und zwar nach vielen Versuchen, ihn nach funktionalistischen Modellen zu definieren und zu rechtfertigen, wobei man seine Historizität jedoch verleugnete. Man kann aber dem Dilemma nicht entgehen: Es läßt sich keine überzeugende anti-subjektivistische Literatur-Theorie begründen. Das Problem ist weiterhin festzumachen als ein nichtgelöster Widerspruch des isolierten Subjekts.

Robinsons Einsamkeit ist heute als Thematisierung dieses Widerspruchs zu lesen, nicht nur einfach als psychologische Studie über einen einsamen Mann. Ian Watt bemerkte zur psychologischen Anomalie:

»Defoe weicht von der psychologischen Wahrscheinlichkeit ab, um sein Bild von der fruchtbaren Einsamkeit des Menschen aufrechtzuerhalten, und aus diesem Grunde übt er eine sehr starke Anziehungskraft auf alle aus, die sich isoliert fühlen – und wer tut das nicht zuzeiten? Eine innere Stimme sagt uns fortwährend, daß die menschliche Isolierung, die der Individualismus großgezogen hat, schmerzlich sei und letzten Endes zu einem Leben apathischer Animalität und geistiger Verwirrung führe; Defoe antwortet zuversichtlich, daß sie zum mühsamen Vorspiel einer volleren Verwirklichung der Möglichkeiten jedes Einzelnen gemacht werden kann; und die einsamen Leser zweier individualistischer Jahrhunderte können einem Beispiel, das in so überzeugender Weise aus der Not eine Tugend macht, nur zustimmen; sie können eine so fröhliche Färbung des universalen Bildes individualistischer Erfahrung, der Einsamkeit, nur gutheißen.«[74]

Damit ist der wirkungsästhetische Aspekt des Robinson-Mythos genau benannt. Aber was hilft solche Erkenntnis weiter? Denn wir können uns nicht durch relativierende Einsicht historistisch davonmachen, es sei denn, wir läsen *Robinson Crusoe* nur noch als literarhistorisches Dokument. Das ist aber nicht möglich, weil das bedeuten würde, Literatur der Vergangenheit überhaupt ihrer literarischen Qualität zu berauben, was bisher noch keiner der Interpreten gewollt hat.

---

[73] Vgl. Hobbes' »Poietischen« Subjektivismus und dessen Interpretation bei Willms, a.a.O., S. 80 ff.

[74] I. Watt, a.a.O., S. 254

Am Konflikt zwischen Subjektivität und Antizipation ist hier versucht worden, eine wichtigere Relevanz zu verdeutlichen: Welche psychologischen und anthropologischen Bedingungen in diesem Buch auch ausgeklammert blieben, die Situation des »Friß Vogel oder stirb«, die widersprüchliche Kondition, blind zu sein und doch handeln zu müssen, die voluntaristische Alternative als Konstante, – das macht *Robinson Crusoe* heute zu einem Spiegel utopischen Verhaltens. Es gilt also nicht so sehr, auf Robinson als Figur mit »utopischer Mentalität« abzuheben, dessen individuelle Tapferkeit seinen Bericht zum tröstenden, kontemplativen Topos vom Glück im Unglück macht. Wirksam bleibt gewiß formal die Kette archetypischer Bilder, unter denen die unbekannte Fußspur einzigartig ausgenützt worden ist. Unser eigentliches Interesse gilt aber dem voluntaristischen Prinzip selbst, um es selbst mit instrumenteller Absicht zu analysieren. In ihm liegt für uns die Repräsentanz dieses Themas. Der Fall des Robinson Crusoe ist deshalb als Beispiel für Subjektivität und Antizipation gewählt worden, weil der Anspruch des Subjekts offenkundig nur noch in der Erzählung glaubhaft gemacht werden kann. Die Utopie ist nicht dieses oder jenes für möglich Gehaltene, die Utopie ist das erzählte Subjekt selbst.

Eine solche Meinung muß sich vor dem Verdacht des ästhetischen Solipsismus schützen, wie ihn Arnold Gehlen – mit dieser Problematik intensiv befaßt – schon vor Jahren gegen die Avantgarde formulierte: »Wenn gelebte Innenräume nicht in der Außenwelt festgemacht werden können, weil diese zu versachlicht ist, oder weil man nicht handeln kann, oder weil die Identifizierung nicht gelingt und nicht herauszubekommen ist, womit man es zu tun hat, dann müssen diese Innenzustände ihre eigenen Chiffren suchen . . .«[75] Um solche Innenzustände, gelöst von der Außenwelt, geht es aber nicht. Vielmehr wird die Außenwelt unentwegt beobachtet, um durchaus herauszubekommen, womit man es zu tun hat. Es ist folgerichtig, daß dann die eigene Subjektivität zum Instrumentarium wird, zu nicht mehr, aber auch nicht zu weniger. Entscheidend bei diesem Unterfangen wird sein, daß es den Gedanken vom subjektiven Vermögen und Antizipation wirklich ins Spiel bringt. Eine

---

[75] Arnold Gehlen, *Urmensch und Spätkultur*. Frankfurt a. M. 1964, S. 65

solche Betonung des Subjekts schließt allerdings die unausgesprochene Skepsis in sich, ob sich in der Außenwelt jene utopischen Formen überhaupt noch materialisieren, die eine aufklärerische, inhaltlich sich ausweisende Utopie-Theorie, begon-
nen mit Marxens Entlarvungstechnik und heute dargestellt in
der Konzeption herrschaftsfreier Kommunikation, verspricht.
Das Gegenteil ist einzukalkulieren, schaut man einerseits auf
Systemtheorien wie die von Luhmann oder Talcott Parson, in
denen die Bedürfnisse des Subjekts nicht mehr berücksichtigt
werden.[76] Zum andern, und das ist viel ernstzunehmender,
wenn man die Bestätigung dieser subjektfeindlichen Theorien
durch reale Tendenzen erfährt.

Die Zurücknahme utopischer Inhaltlichkeit in die reine utopische Erwartung bedeutet allerdings, daß man auch die Grenzen
dieses Verfahrens erkennt. Es ist eine Frontbegradigung, ohne
direkt zu kapitulieren. Aufzugeben sind alle inhaltlichen Ansprüche, wie wir sie von den ersten empfindsamen Robinsonaden über Rousseaus beispielhafte Interpretation bis hin zu den
kulturrevolutionären Bildern schon kennen. Andererseits hilft
die Marx'sche Kritik für einen solchen utopischen Versuch auch
nicht viel weiter, was daran liegt, daß sie selbst keine Ästhetik
entwickelt hat. Die Notsituation ist Robinsons Situation. Robinson selbst denkt: »Not macht erfinderisch.« Deshalb der
hier immer wieder thematisierte Dezisionismus, um der lädier-
ten Utopie aufzuhelfen. Deshalb unser Interesse am Lauf des
Freitag. Es knüpft an, wo das Problem liegengeblieben ist. Ein-
gezwängt zwischen Subjektivität und Antizipation sind wir
nicht Freitag, sondern noch immer Robinson, der Freitag beobachtet.

Ende der Tragödie

Was bedeutet das?
Das bedeutet, daß wir Entscheidungen zu treffen haben und
gleichzeitig partiell blind vor der Zukunft sind. Die anthropologische Bestimmung, die uns als »Handelnde« definiert, trifft
noch zu, wenn auch angezweifelt von einer Zivilisationskritik,
die diese Bestimmung trauernd als nicht mehr gegeben ansieht
und uns deshalb an die Institutionen verweist. Es ist interessant,

---

[76] Vgl. Lepenies, *Kritik der Anthropologie,* a.a.O., S. 29; außerdem Bart
van Steenbergen, a.a.O., S. 83

daß Arnold Gehlen in seiner Anthropologie den »handelnden« Menschen mit dem »reflektierenden« Menschen konfrontiert, sich im Problembewußtsein sowohl mit dem kontemplativen Utopiker Musil als auch dem agierenden Utopiker Friedrich Engels berührend. Musil nämlich hat die reine »Tatsächlichkeit« des Menschen in dem hier erörterten Sinne behandelt und seine Reflexion der »diskontinuierlichen« Existenz am Beispiel der Figur Beinebergs so formuliert, daß man seine Sätze direkt auf die Situation Robinsons übertragen könnte: Wenn du dich genau beobachtest, fühlst du es, daß die Seele nicht etwas ist, das in allmählichen Übergängen seine Farben wechselt, sondern daß die Gedanken wie Ziffern aus einem schwarzen Loch daraus hervorspringen. Jetzt hast du einen Gedanken oder ein Gefühl, und mit einemmal steht ein anderes da wie aus dem Nichts gesprungen. Wenn du aufmerkst, kannst du sogar zwischen zwei Gedanken den Augenblick spüren, wo alles schwarz ist. Dieser Augenblick ist – einmal erfaßt – für uns geradezu der Tod. Denn unser Leben ist nichts als Marksteine setzen und von einem zum anderen hüpfen, täglich über tausend Sterbesekunden hinweg.«[77] Friedrich Engels stellte lakonischer fest: »Aber ehe die Menschen argumentierten, handelten sie.«[78] Während der Schriftsteller Musil und der Politiker Engels auf Grund von Erfahrungsmöglichkeiten, die sie von Gehlen unterscheiden, die Handlung nicht einseitig von der Reflexion verdrängt sehen, stellt Gehlen negativ fest – und seine Formulierungen verweisen wiederum unmittelbar auf Robinsons Perspektive –, daß sich das »Überraschungsfeld« des Menschen reduziert habe auf »Reihen ›übersehener‹ Zentren«.[79] Gehlens anthropologische Einschränkung unserer Wahrnehmungsformen nach Maßgabe eines »biologischen Interesses«, das angeblich, auf die »Konstanz« und nicht die »Beweglichkeit« der Dinge gerichtet sei, impliziert die kulturkritische These vom endgültigen Ende »sensomotorischer Weltorientierung« und die daraus abgeleitete pessimistische Folgerung. Gegen eine solche starre Isolierung von »Konstanz«

[77] Robert Musil, *Prosa, Dramen, späte Briefe*. Hamburg 1957, S. 127; zu Musils »absoluter Subjektivität« vgl. die wichtige Interpretation von H.-W. Schaffnit, a.a.O., S. 135 ff.
[78] Friedrich Engels, a.a.O., S. 87
[79] Arnold Gehlen, *Der Mensch. Seine Natur und seine Stellung in der Welt.* 4. Auflage. Bonn 1950, S. 187

und »Beweglichkeit« spricht aber u. a. das hier ausführlich erörterte Erlebnis der Angst, die wie am Beispiel von Robinsons Fluchtangst zu sehen, niemals eine Angst an sich ist, sondern eine Angst aus vielen Anlässen, wodurch das Subjekt zentriert wird. Eine literarische Ermittlung, die eine anthropologische Wahrheit enthält.[80]

Gehlens nicht streng anthropologische, sondern ontologisch belastete Beschreibung der Struktur unseres Wahrnehmungs- und Bewegungslebens ist zu widersprechen sowohl von Musils absoluter Subjektivität her als auch Defoes konkretem Empirismus. Unabhängig aber von solchen gegensätzlichen utopischen Gewährsleuten, die beide Handelnde waren und uns deshalb auch die Kategorie Zukunft liefern, muß selbsttätig der Entschluß gefaßt werden, sich nicht immer wieder auf die angebotenen Tragödien einzulassen. Es ist allerdings dem Hoffnungsprinzip, das im ersten Teil dieses Bandes untersucht wurde, zu mißtrauen und dafür Hobbes' Lehre der Begierden und der Furcht zu aktualisieren. Dabei bietet sich Robinsons Unverfrorenheit als heuristisches Modell an, um über die Runden zu kommen zwischen notwendiger Antizipation und der Gewißheit, sie hier und jetzt doch nicht zustande zu bringen. Das wäre dann ein Beweis für die praktische Nutzanwendung von Literatur nach all den Jahren des Lesens. Bei dieser Untersuchung sollte Literatur angewendet werden. Erst bei einer solchen Probe stellt sich heraus, wieviel die sinnliche, vorbegriffliche Sphäre noch wert ist.

[80] Vgl. hierzu vor allem Rudolf Bilz, *Paläoanthropologie. Der neue Mensch in der Sicht einer Verhaltensforschung.* Frankfurt a. M. 1971, S. 320 u. 329

Karl Heinz Bohrer, *Die gefährdete Phantasie oder Surrealismus und Terror*. 105 Seiten. Reihe Hanser 40 (1970).

»Karl Heinz Bohrers Buch unternimmt es, so etwas wie eine S.O.S.-Ästhetik der Dichtung, wie sie hier anklingt, methodisch und mit bemerkenswerter Konsequenz anzubahnen. Indem er voraussetzt, das Terror-Antlitz der heutigen globalen Wirklichkeit habe sich in der Kunst – der ›Wahrheit‹ gemäß – bis zu restloser Tilgung des ›schönen Scheins‹ adäquat zu spiegeln, stellt er den ›klassischen‹ französischen Surrealismus zumal der zwanziger Jahre gleichsam als Leitbild und Pegel heute allein noch wahrhaft aktueller und gültiger Literatur heraus.
Solche in einem hohen Sinne literaturpolitische Strategie kann nur in militanter Weise mit Gewinn durchgeführt werden; und so wurde Bohrers Buch zu einer Streitschrift – einer der brillantesten auf dem Gebiet der Literatur, die wir neuerdings besitzen.«

Hans Hennecke

»Die befreiende Sprengkraft der Phantasie, die auch in der Politisierung des Surrealismus nicht erlosch, sieht Bohrer bei den Theoretikern der Kulturrevolution in Deutschland zur ›mechanisch-funktionellen‹ Bedeutung verflacht, ihres inhaltlichen Akzentes beraubt: Gefährdung der Phantasie durch eine sich ›bewußt neurotisch gebende Ästhetisierung der Politik‹. Mag Bohrer auch sein Erkenntnismodell überanstrengen, indem er die Parallele zum Surrealismus so weit vorantreibt, daß in der Frankfurter Schule plötzlich die Gegenposition des ›Juste-milieu‹ erscheint, festzuhalten ist, daß der sogenannten linken Kultur- und Literaturkritik hier in Bohrer ein Dialogpartner entstanden ist, der ihr an dialektischer Schärfe ebenbürtig ist und an ästhetischer Sensibilität sicherlich überlegen.«

Manfred Durzak

Karl Heinz Bohrer, *Die gefährdete Phantasie oder Surrealismus und Terror*. 105 Seiten. Reihe Hanser 40 (1970).

»Was Enzensberger 1962 mißlingt und vielleicht mißlingen mußte, die Erfassung der Aspirationen des Surrealismus und ihres Bezugs zur Gegenwart, gelingt 1969 dem konservativen Bohrer. In polemischer Ablehnung der Kulturkritik Adornoscher Prägung, in deren Nachfolge die oben genannte Arbeit Enzensbergers steht, und unter bewußtem Rückgriff auf Benjamins Surrealismus-Arbeit formuliert Bohrer eine neue ästhetische Erfahrung; ›Die Überholung der Einbildungskraft durch die Wirklichkeit‹. Die Tatsache, ›daß eben diese gerade erfahrene Überholung der Terror-Vorstellung durch die Terror-Wirklichkeit massenhaft zu erfahren wäre, hat die Beziehung von Kunst und Wirklichkeit überall dort verändert, wo Wirklichkeit nicht bloß für ein Zitat genommen oder theoretisch antizipiert wird‹. Einer Ästhetik, die der Kunst einzig die Aufgabe zuschreibt, ›neuartige Wahrnehmung‹ zu ermöglichen, wird der reale Terror zum ästhetischen Problem. Bohrer sieht die politische Dimension des Surrealismus, aber was er für die Gegenwart vindiziert, ist dann doch nur die ›ästhetische Aktualität des Surrealismus‹. Hier liegt die Grenze einer Arbeit, die in Einzelresultaten sich mit der Benjamins messen kann.«

Peter Bürger, ›Der französische Surrealismus‹,
Frankfurt a. M. 1971

93 Joachim Steffen u. a.: *Fetisch Eigentum.* Wie privat sind Grund und Boden?

94 H. H. Henschen, R. Wetter: *Anti-Olympia.* Ein Beitrag zur mutwilligen Diffamierung und Destruktion der Olympischen Spiele und anderer Narreteien.

95 Horst Bienek: *Solschenizyn und andere.* Essays.

96 *Plädoyers für eine Europäische Sicherheitskonferenz.* Hrsg. von Walter Fabian.

97 *Wagner-Chronik.* Zusammengestellt von Martin Gregor-Dellin.

98 Wolfgang Bächler: *Traumprotokolle.* Ein Nachtbuch.

99 Ulrich, Albrecht: *Politik und Waffengeschäfte.* Rüstungsexport in der BRD.

100 *Und sie fliegen über die Berge, weit durch die Welt.* Aufsätze von Volksschülern. Hrsg. von ihrem Lehrer Ludwig Harig.

101 Ulrich Kurowski: *Lexikon Film.*

102 Fritz J. Raddatz: *Erfolg oder Wirkung.* Schicksale politischer Publizisten in Deutschland.

103 John Heartfield: *Krieg im Frieden.* Fotomontagen 1930–1938.

104 Helmut Nolte/Irmingard Staeuble: *Zur Kritik der Sozialpsychologie.*

105 Ferrucio Rossi-Landi: *Sprache als Arbeit und als Markt.* Kommunikationsforschung.

106 Charles W. Morris: *Grundlagen der Zeichentheorie. Ästhetik und Zeichentheorie.* Kommunikationsforschung.

107 Hans Heinz Holz: *Strömungen und Tendenzen im Neomarxismus.*

108 Rüdiger Thomas: *Modell DDR.* Die kalkulierte Emanzipation.

109 Alfred Schmidt: *Emanzipatorische Sinnlichkeit.* Ludwig Feuerbachs anthropologischer Materialismus.

111 Elias Canetti: *Die gespaltene Zukunft.* Aufsätze und Gespräche.

112 *Ansichten einer künftigen Futurologie.* Zukunftsforschung in der zweiten Phase. Hrsg. von Dietger Pforte und Olaf Schwencke.

113 Walter Kempowski: *Haben Sie Hitler gesehen?* Deutsche Antworten. Nachwort von Sebastian Haffner.

114 Günter Bruno Fuchs: *Reiseplan für Westberliner anläßlich einer Reise nach Moskau und zurück.* Handbuch für Einwohner No. 2.

115 *Marxismus und Formalismus.* Dokumente einer literaturtheoretischen Kontroverse. Hrsg. von Hans Günther.

116 Leo Kofler: *Aggression und Gewissen.* Grundlegung einer anthropologischen Erkenntnistheorie.

117 Tadeusz Rózewicz: *Der Tod in der alten Dekoration.* Erzählung.

118 *Eine andere Verteidigung?* Alternativen zur atomaren Abschreckung. Aus der Arbeit der Vereinigung Deutscher Wissenschaftler.

119 Helmut Eisendle: *Handbuch zum ordentlichen Leben.*

120 Helmut H. Diederichs: *Konzentration in den Massenmedien.* Systematischer Überblick zur Situation in der BRD. Kommunikationsforschung.

121 Karl Held: *Kommunikationsforschung – Wissenschaft oder Ideologie?* Materialien zur Kritik einer neuen Wissenschaft. Kommunikationsforschung.

122 *Neue Ansichten einer künftigen Germanistik.* Hrsg. von Jürgen Kolbe.

123 Karl Heinz Bohrer: *Der Lauf des Freitag.* Die lädierte Utopie und die Dichter. Eine Analyse.

124 Elias Canetti: *Masse und Macht.* 1. Band.

125 Elias Canetti: *Masse und Macht.* 2. Band.